C.H.BECK WISSEN

«Globalisierung» wird häufiger als jeder andere Begriff benutzt, um die gegenwärtige Epoche zu charakterisieren. Welche langfristigen Prozesse haben aber den gegenwärtigen Zustand herbeigeführt? Solche Prozesse waren bereits wirksam, als es den Begriff «Globalisierung» noch nicht gab. Die Zeitgenossen sprachen von der europäischen Expansion, der Entstehung der Weltwirtschaft, der Verknüpfung der Kontinente durch massenhafte Wanderungen, der planetarischen Ausweitung internationaler Beziehungen und der Herausbildung kosmopolitischer Strömungen auf kulturellem Gebiet. Alle diese Prozesse, von denen keiner stetig und krisenfrei verlief, werden in einen interpretierenden Zusammenhang zueinander gesetzt. Das Buch verleiht einem der wichtigsten Begriffe heutiger Zeitdiagnose historische Tiefenschärfe.

Jürgen Osterhammel war bis 2018 Professor für Neuere Geschichte an der Universität Konstanz. Bei C.H.Beck ist von ihm lieferbar: *Die Verwandlung der Welt. Eine Geschichte des 19. Jahrhunderts* ([5]2010), *Die Entzauberung Asiens. Europa und die asiatischen Reiche im 18. Jahrhundert* (bsr, 2010) und *Die Flughöhe der Adler. Historische Essays zur globalen Gegenwart* (2017).

Niels P. Petersson ist Professor für Geschichte an der Sheffield Hallam University. Von ihm ist lieferbar: *Anarchie und Weltrecht. Das Deutsche Reich und die Institutionen der Weltwirtschaft* (Göttingen 2009), *Globalgeschichten. Bestandsaufnahme und Perspektiven* (Hg. mit B. Barth und S. Gänger, Frankfurt a.M. 2014), *Shipping and Globalization in the Postwar Era: Contexts, Companies, Connections* (Hg. mit S. Tenold und N. J. White (Cham 2019).

Jürgen Osterhammel
Niels P. Petersson

GESCHICHTE DER GLOBALISIERUNG

Dimensionen, Prozesse, Epochen

C.H.Beck

1. Auflage. 2003
2., durchgesehene Auflage. 2004
3. Auflage. 2006
4., durchgesehene Auflage. 2007
5., durchgesehene Auflage. 2012

6., aktualisierte Auflage. 2019

Originalausgabe

Satz: C.H.Beck.Media.Solutions, Nördlingen
Druck und Bindung: Druckerei C.H.Beck, Nördlingen
Reihengestaltung Umschlag: Uwe Göbel (Original 1995, mit Logo),
Marion Blomeyer (Überarbeitung 2018)
Umschlagabbildung: Europäerin in Tonion-Sänfte, indische Miniatur
um 1835, British Museum London, © akg-images/Erich Lessing
Printed in Germany
ISBN 978 3 406 73647 6

www.chbeck.de

Inhalt

I. «Globalisierung»: Umkreisung eines Begriffs 7
1. Gegenwartsdiagnose und historischer Prozessbegriff 7
2. Bedeutungskern und Kontroversen 10

II. Dimensionen von Globalisierung 15
1. Weltsystem – Imperialismus – «global history». . 16
2. Netzwerke und Interaktionsräume 19
3. Perioden 24

III. Bis 1750: Aufbau und Verfestigung weltweiter Verbindungen 26
1. Fernhandel, Großreiche, Ökumenen 26
2. Schießpulverimperien und maritime Räume . . . 35
3. Löcher in den Netzen 41

IV. 1750–1880: Imperialismus, Industrialisierung und Freihandel 45
1. Frühe Weltpolitik und atlantische Revolutionen 45
2. Fernwirkungen der Industriellen Revolution . . . 49
3. Imperien und Nationalstaaten 54
4. Die Entstehung der Weltwirtschaft 60

V. Weltkapitalismus und Weltkrisen, 1880–1945 62
1. Globalitätserfahrungen, Weltwirtschaft und Weltpolitik um die Jahrhundertwende 62
2. Imperialismus und Weltkrieg 69
3. 1918–1945: Globale Krisen und Konflikte . . . 76
4. Das «Jahrhundert Amerikas» 82

VI. 1945 bis Mitte der 1970er Jahre: Die halbierte Globalisierung **85**
1. Räume des Politischen: Machtblöcke, Nationalstaaten und transnationale Bewegungen 85
2. Institutionen der Weltwirtschaft 92
3. Soziokulturelle Globalisierung? 99

VII. Schluss **104**
1. An der Jahrhundertwende 104
2. Auf dem Weg in ein globales Zeitalter? 108
3. Globalisierung: Für die Normalisierung des Begriffs 111

Anmerkungen 113
Literaturempfehlungen 124
Sachregister 127

I. «Globalisierung»: Umkreisung eines Begriffs

1. Gegenwartsdiagnose und historischer Prozessbegriff

«Globalisierung» war lange ausschließlich ein Begriff der Gegenwartsdiagnose. Anfangs wenig beachtet und auf Spezialveröffentlichungen von Wirtschaftswissenschaftlern beschränkt, hat dieser Begriff seit den 1990er Jahren eine erstaunliche Karriere erlebt. In zahlreichen Sprachen ist er heimisch geworden. Verschiedene Wissenschaftsdisziplinen haben ihn zur Leitkategorie erkoren. Täglich wächst die Literatur, bei der es um Globalisierung oder Globalität, Globalgeschichte oder globalen Kapitalismus geht. Bereits ist Pfadfinderschrifttum erforderlich, um Schneisen durch das semantische Dickicht zu schlagen.[1] Allerdings droht der Begriff zu sprachlichem Imponiermaterial zu werden, um dessen genaue Bedeutung man sich wenig zu sorgen braucht, solange der Anschein des Tiefsinns skeptische Rückfragen abwehrt.

Nun ist die allgemeine Beliebtheit von «Globalisierung» jedoch mehr als das Symptom einer kollektiven Denkschwäche. Der Begriff füllt konkurrenzlos einen legitimen Platz: Er gibt der Epoche einen Namen. Es war in den letzten Jahrzehnten nicht einfach, die Signatur des gegenwärtigen Zeitalters prägnant zum Ausdruck zu bringen. In den fünfziger Jahren des letzten Jahrhunderts schwärmten manche vom «Atomzeitalter». In den sechziger und siebziger Jahren redeten die einen von der reifen «Industriegesellschaft», die anderen vom «Spätkapitalismus», in den Achtzigern fand die «Risikogesellschaft» viel Anklang, und die «Postmoderne» kam in Mode, drang allerdings nicht ins allgemeine gesellschaftliche Bewusstsein ein, weil man sich nichts Konkretes darunter vorstellen konnte. «Globalisierung» war da ein Begriff von anderem Kaliber. Er schloss an Erfahrungen an, die viele Menschen machten: Zum einen brachten Konsum und Kommunikation den Bewohnern der reichen Länder tatsächlich (fast) den ganzen Globus ins Haus. Zum anderen schien durch die Auflösung der abgeschotteten Sonderwelt des Sowjetblocks der Planet insgesamt von einheitlichen Prinzipien westlich-moderner Lebensgestaltung durchwirkt zu werden. Unter ökonomischem Gesichtspunkt schienen durch die Befreiung der Marktkräfte von staatlicher Regulierung und durch technologische Neuerungen im Bereich von Datenverarbeitung und Kommunikation Märkte zu entstehen, auf denen Angebot und Nachfrage weltweit wirksam werden konnten. So tief auch die Kluft zwischen den schwer durchschaubaren Zusammenhängen weltweiter wirtschaftlicher Verflechtung und den leicht zugänglichen Alltagserfahrungen von Entgrenzung sein mag – der Begriff der Globalisierung hat den großen Vorzug, beiden Seiten gerecht zu werden, Verstand und Gemüt auf einen Nenner zu bringen. Immer wieder bestätigt sich auch der triviale Kern, der sich im Inneren des Begriffs verbirgt: Die Welt wird zusehends «kleiner», und Entferntes wird immer stärker miteinander verknüpft. Zugleich wird sie «größer», weil wir noch niemals weitere Horizonte überschauen konnten.[2] Wenn man daher den Zeitgeist der letzten Jahrhundertwende «auf den Begriff» bringen will, dann bleibt tatsächlich kaum eine Alternative zu der Versicherung, wir seien in die Epoche der Globalisierung eingetreten.

An diesem Punkt drängt es Historiker, sich in die Diskussion einzumischen. Auf der einen Seite kommt ihnen manches bekannt vor, das in der soziologischen Literatur als neue Erkenntnis angepriesen wird. So haben zum Beispiel Wirtschaftshistoriker schon lange, bevor es das Wort «Globalisierung» überhaupt gab, den Prozess der Herausbildung und allmählichen Integration einer Weltwirtschaft ziemlich genau beschrieben. Dabei geht es Historikern um Präzision sowohl bei der Deskription von Sachverhalten als auch bei der Zurechnung von Wirkungen und Ursachen.

Während in dieser Hinsicht Historiker ihrem Ruf gerecht werden, besonders genau hinzuschauen und im Zweifelsfall dem begründeten Nachweis den Vorzug vor der glitzernden Pointe zu geben, folgen bei anderen Fragestellungen auch sie dem Zug ins Große. Seit langem deutet die Geschichtswissenschaft die Veränderungen, welche die Welt seit etwa zweieinhalb Jahrhunderten erlebt hat, mit Hilfe sehr weit gefasster Prozessbegriffe, die man – analog zu den bekannten «Ismen» (Liberalismus, Sozialismus usw.) – als «Ierungen» bezeichnen könnte: Rationalisierung, Industrialisierung, Urbanisierung, Bürokratisierung, Demokratisierung, Individualisierung, Säkularisierung, Alphabetisierung u.a.m. Alle diese Vorgänge, die jeweils eigenen Zeitmustern folgen und auf eine sehr komplizierte Weise miteinander zusammenhängen, haben gemeinsam, dass sie langfristig ablaufen, sich in unterschiedlichen Formen und Intensitäten auf allen Kontinenten abspielen und eine verändernde Kraft freisetzen, wie sie in der älteren, der vormodernen Geschichte selten anzutreffen ist. Der Metabegriff der «Modernisierung» versucht, die genannten Einzelprozesse zu einer Gesamtentwicklung zu bündeln.

«Globalisierung» scheint sich schon von der Wortform her für einen Platz unter den Makroprozessen der modernen Welt zu qualifizieren. Man muss den Begriff nicht gleich auf die oberste Ebene, also direkt neben (oder gar über) «Modernisierung», stellen und in der zunehmenden Verdichtung ferner Zusammenhänge das Hauptmerkmal der Weltentwicklung sehen. Es genügt zu fragen, ob «Globalisierung» möglicherweise so aussagekräftig und so wichtig sein könnte wie etwa «Industrialisierung». Das wäre schon eine ganze Menge und würde das Deutungsrepertoire der Geschichtswissenschaft erfreulich bereichern. Es wäre um so willkommener, als sich keine der oben genannten «Ierungen» auf Zusammenhänge zwischen Völkern, Staaten und Zivilisationen bezieht. Sie alle machen sich im nationalen und regionalen Rahmen bemerkbar und werden auch auf diese Weise wissenschaftlich untersucht. Insoweit «Globalisierung» sich einen Rang unter den großen Entwicklungsbegriffen verdient hat, ist eine breite Lücke gefüllt – hier kann alles Inter-Kontinentale, Inter-Nationale, Inter-Kulturelle (usw.) untergebracht werden, das lange zwischen den etablierten «Diskursen» der Historiker heimatlos herumvagabundierte.

Wir hüten uns vor dem albernen Anspruch, die gesamte Geschichte der Neuzeit als eine der Globalisierung neu schreiben zu wollen. Wir werden vielmehr versuchen, aus der *Perspektive* von Globalisierung einen neuen Blick auf die Vergangenheit zu werfen. Man kann es auch anders sagen: Dass viele Aspekte des heutigen Daseins nur noch im Zusammenhang weltweiter Verflechtungen verstanden werden können, ist ein Gemeinplatz. Haben solche Verflechtungen aber nicht auch in der Vergangenheit eine größere Rolle gespielt, als es im gängigen Geschichtsbild zum Ausdruck kommt? Welcher Art waren diese Verflechtungen, wie funktionierten sie, und summierten sie sich wirklich zu einem Prozess eigenen Charakters, der es rechtfertigt, den Begriff der «Globalisierung» dafür zu verwenden? Schließlich: Wenn sich die letzte Frage bejahen lässt – kann man dann eine Zeitenwende gegen Ende des 20. Jahrhunderts identifizieren, an der Globalisierungstendenzen so dramatisch und dominant wurden, dass man es wagen kann, von einer tiefen Zäsur, also dem Beginn einer neuen Epoche zu sprechen, eines «globalen Zeitalters» (Martin Albrow), einer «Zweiten Moderne» (Ulrich Beck, Anthony Giddens), «Cosmopolis» (Timothy Garton Ash) oder welches Etikett man auch immer wählen mag?

2. Bedeutungskern und Kontroversen

In den meisten Definitionsangeboten spielen die Ausweitung, Verdichtung und Beschleunigung weltweiter Beziehungen eine zentrale Rolle. Definitionen werden dabei oft bereits mit gegenwartsdiagnostischen Aussagen verbunden. Dabei geht es etwa darum, ob Globalisierung den Untergang des Nationalstaats bedeutet, ob sie eine kulturelle Vereinheitlichung der Welt mit sich bringt oder ob sie den Konzepten von Raum und Zeit einen neuartigen Sinn verleiht. Hinter solchen Diskussionen über die *Bedeutung* von Globalisierung verbergen sich nicht selten auch krass formulierte Werturteile. Die Pole eines breit ausgefächerten Spektrums werden durch Globalisierungseuphoriker und Globalisierungsgegner markiert. Begrüßen die einen den Beginn einer neuen Ära von Wachstum und Wohlstand, so erkennen die anderen eine heraufziehende globale Herrschaft der westlichen kapitalistischen Länder und Chinas zum Nachteil von Demokratie, Arbeitnehmerrechten, armen Ländern überhaupt und des globalen Ökosystems.

Wenn es ein allgemeines Einverständnis unter den Autoren der unterschiedlichsten Richtungen gibt, dann liegt es in der Annahme, Globalisierung stelle die Bedeutung des Nationalstaates in Frage und verschiebe das Machtverhältnis zwischen Staaten und Märkten zugunsten Letzterer.[3] Die Nutznießer dieser Entwicklung, von den nationalen Regierungen durch die Erleichterung des Freihandels gefördert, seien multinationale Konzerne, die sich für ihre Aktivitäten ohne Loyalität zu ihrem jeweiligen Ursprungsland weltweit die kostengünstigsten Standorte aussuchen könnten. Die wirtschaftspolitischen Einflussmöglichkeiten nationalstaatlicher Regierungen würden dadurch ebenso beeinträchtigt wie deren Zugang zu Ressourcen, vor allem Steuern. Auch würde die sozialstaatliche Daseinsvorsorge abgebaut und damit zugleich die Legitimität des Staates gemindert – in den Augen neoliberaler Globalisierungsenthusiasten ein Zugewinn an persönlicher Freiheit, für Globalisierungsgegner der Einbruch der Anarchie, von dem nur die Starken profitieren. Die Untergrabung der äußeren Souveränität des Nationalstaates und seines inneren Gewaltmonopols und Steuerungsvermögens ist eines der zentralen Themen der heutigen Sozialwissenschaften.[4]

Ein zweites Merkmal von Globalisierung, über das Einigkeit herrscht, ist ihr Einfluss auf all das, was man unter «Kultur» zusammenfasst. Kulturelle Globalisierung, angetrieben durch Kommunikationstechnologie und die weltweit operierende Kulturindustrie des Westens, wurde zunächst als Homogenisierung verstanden, als die planetarische Vorherrschaft der amerikanischen Massenkultur auf Kosten tradierter Vielfalt. Schon bald wurde aber auf eine gegenläufige Tendenz hingewiesen: das Aufkommen von Bewegungen, die aus dem Protest gegen Globalisierung neuen Antrieb für die Verteidigung lokaler Eigenart und Identität beziehen, sich zugleich aber auch selbst der neuen Technologien bedienen, um ihre Ziele effizienter zu verfolgen und an die Unterstützung der Weltöffentlichkeit zu appellieren. Roland Robertson hat diese Gleichzeitigkeit von Homogenisierung und Heterogenisierung als eine simultane «Universalisierung des Partikularen und Partikularisierung des Universalen» bezeichnet. Gleichzeitig führte er den Begriff der «Glokalisierung» ein, um zu betonen, dass globale Tendenzen stets lokal wirksam werden und jeweils besonderer «Aneignung» bedürfen.[5] Die Ergebnisse kulturellen Wandels durch Globalisierung werden häufig auch als «Hybridisierung» interpretiert, also als Vermischung kreativ angeeigneter neuer Kulturelemente mit schon vorhandenen.[6] Massenmedien, Fernreisen und global nachgefragte Konsumgüter waren hochwirksame Mechanismen der «Glokalisierung» lange vor dem Aufkommen der «sozialen Medien».

Angesichts der Leichtigkeit und Häufigkeit, mit der Menschen, Waren und vor allem Informationen große Distanzen überwinden, haben zahlreiche Autoren Globalisierung als grundlegende Veränderung der Kategorien von Raum und Zeit beschrieben, als «space-time compression», wie der Geograph David Harvey es nennt, als Verdichtung von Raum und Zeit.[7] Dies kann als drittes Grundmerkmal des sozialwissenschaftlichen Verständnisses von Globalisierung gelten. «Space-time compression», wie sie bereits mit einer radikalen Verbilligung des Telefonierens und der Verbreitung elektronischer Post beginnt, schafft gemeinsame Gegenwart und ein «virtuelles» Miteinander und bildet damit die Voraussetzung für weltweite soziale Beziehungen, Netze und Systeme, innerhalb derer die effektive Distanz wesentlich geringer ist als die geographische. Die wichtigste Ursache dafür ist die erhöhte Geschwindigkeit von Kommunikation.

Eine etwas andere Weise, dies auszudrücken, ist, von «Entterritorialisierung» oder «Supraterritorialität» zu sprechen.[8] Für zahlreiche soziale Beziehungen spielen Orte, Entfernung und Grenzen keine Rolle mehr. Globalisierung wird – und auch darüber scheint Einvernehmen zu bestehen – nicht als die verdichtete Interaktion zwischen weiterhin national verfassten Gesellschaften verstanden, sondern als eine Tendenz zur Auflösung von Territorialität und räumlich gebundener Staatlichkeit überhaupt – das geographische Pendant zur These vom Funktionsverlust des Staates zugunsten sich selbst regulierender Marktkräfte.

Von den weitergehenden Interpretationen und Prognosen, die die einzelnen Wortführer der Globalisierungsdiskussion an ein solches gemeinsames Grundverständnis knüpfen, seien zwei erwähnt: Martin Albrows Konzept der «Globalität» und Manuel Castells' Idee der «Netzwerkgesellschaft». Für Albrow bezeichnet «Globalität» einen neuartigen Orientierungsrahmen, der die Gegenwart von aller früheren Geschichte abhebt. Er benennt folgende Dimensionen von Globalität: Umweltfragen stellen sich im Rahmen eines globalen Ökosystems; Massenvernichtungswaffen bringen die Gefahr der Zerstörung der ganzen Erde mit sich; Kommunikationssysteme und Märkte erstrecken sich über die ganze Welt; schließlich ist Globalität reflexiv geworden, d.h. für immer mehr Menschen bildet das Wissen um solche planetarischen Zusammenhänge den Bezugsmaßstab ihres Handelns und Denkens. Manuel Castells wiederum beschreibt Globalisierung als die Entstehung der «Netzwerkgesellschaft», einer historisch beispiellosen Gesellschaftsform. Computertechnik mache es erstmals möglich, flexible soziale Beziehungen unabhängig von Territorien zu organisieren. Nicht mehr die hierarchische, bürokratisierte Großorganisation, sondern das locker gefügte horizontale Netzwerk sei die Organisationsform von Wirtschaft und Politik im «Informationszeitalter». Damit veränderten sich die Grundlagen der Ausübung von Macht und der Verteilung von Ressourcen: Macht zeige sich nicht mehr in Befehl und Gehorsam, sondern sei in der Existenz einer auf einen jeweils bestimmten Zweck ausgerichteten Netzwerkorganisation verankert. An die Stelle von Unterdrückung und Ausbeutung, von sozialem «Oben» und «Unten» und geographischen «Zentren» und «Peripherien» trete in der Netzwerkgesellschaft das Prinzip von Zugehörigkeit zum und Ausschluss aus dem Verbund. Die große Kluft in Castells' neuer Welt verläuft zwischen den Vernetzten und den Unvernetzten.

Neben solchen ehrgeizigen Deutungsentwürfen von zuweilen

prophetischem Zuschnitt stehen bescheidenere Ansätze, bei denen «Globalisierung» nicht zu einer selbst historisch wirksamen Kraft mystifiziert,[9] sondern eher als deskriptiver Sammelbegriff für eine Reihe konkreter Transformationsprozesse aufgefasst wird. Bei David Held (und seinen Mitautoren) etwa erscheint Globalisierung als das Ergebnis von bereits länger andauernden, nicht notwendigerweise kontinuierlich verlaufenden Prozessen. Wirtschaftliche, politische, kulturelle und militärische Verflechtungen folgen weiterhin ihrer jeweils eigenen Dynamik und unterschiedlichen Antrieben; auch ihre Reichweite muss durchaus nicht deckungsgleich sein. Die Auswirkungen dieser Prozesse sind nach Ort, Zeit und sozialer Schicht verschieden. Globalisierung ist in dieser Sicht ein nicht determinierter (alltagssprachlich: «vorprogrammierter») Prozess, der die bekannten Einrichtungen menschlicher Kollektivorganisation wie Staaten, Unternehmen, Kirchen, die Familie (usw.) nicht abschafft, sie aber tiefgreifend umformt. Unweigerlich bringt er fragmentierende Gegenkräfte hervor. Ähnliche Gedanken entwickeln James N. Rosenau und Ian Clark, zwei historisch interessierte Vertreter der Lehre von den internationalen Beziehungen. Diese sogenannten «Transformationalisten» sehen Globalisierung als ein Phänomen der jüngsten Vergangenheit, das allerdings auf Prozessen großräumiger politischer, wirtschaftlicher, kultureller und militärischer Interaktion beruht, die eine lange Geschichte haben.

Schließlich fehlt es auch nicht an Globalisierungsskeptikern. Sie dürfen nicht mit den zuweilen sehr militanten Globalisierungsgegnern verwechselt werden. Diese teilen mit ihren Widersachern, den Aposteln der Globalisierung, den Glauben, Zeugen einer fundamentalen Umwälzung der gesellschaftlich-politischen Welt zu sein. Die Skeptiker hingegen halten dies für eine Übertreibung und zuweilen sogar das gesamte Reden über Globalisierung für eine ideologische Verschleierung amerikanischer Strategien ökonomischer Kontrolle oder für einen Propagandatrick neoliberal gesinnter Geschäftseliten und Technokraten. So sehen Paul Hirst und Grahame Thompson in der üblichen Globalisierungsliteratur wenig mehr als eine Sammlung von Anekdoten, Impressionen und aus dem Zusammenhang gerissenen Einzeltatsachen. Es werde suggeriert, aus deren Addition ergebe sich das geschlossene «Phänomen» der Globalisierung. Hirst und Thompson, die sich auf die wirtschaftlichen Aspekte konzentrieren, vermögen hinter den zahlreichen Beispielen einen solchen Zusammenhang nicht zu sehen.

Dies verweist noch einmal auf die Bedeutung der Begriffsbildung. Wer einen funktionierenden Weltmarkt, freien Welthandel und ungehinderten Kapitalverkehr, Wanderungsbewegungen, multinationale Konzerne, internationale Arbeitsteilung und ein Weltwährungssystem als Anzeichen für Globalisierung gelten lässt, wird all dies schon in der zweiten Hälfte des 19. Jahrhunderts finden. Wer dagegen nach einer weltweiten Totalvernetzung «in Echtzeit» sucht, wird je nach Temperament die Gegenwart als Anfang eines heraufziehenden neuen Zeitalters feiern oder sich entrüstet von der Zumutung abwenden, in einer solch oberflächlichen Diagnose das neueste «master narrative» der Soziologie zu akzeptieren. Es wäre daher naiv, als Historiker zu fragen, «wann die Globalisierung begann» oder «ob es im 18. Jahrhundert bereits Globalisierung gab». Zuerst müssen wir uns auf ein eigenes, die Mitte zwischen Schwammigkeit und Pedanterie haltendes Konzept von «Globalisierung» verständigen. Ein solcher Begriff muss als «Suchscheinwerfer» in die Vergangenheit hineinleuchten, ohne das Ergebnis der Suche bereits vorwegzunehmen.

II. Dimensionen von Globalisierung

Wird Globalisierung als eine Erscheinung erst der letzten Jahrzehnte, vielleicht sogar als Beginn einer neuen historischen Epoche bezeichnet, so ist eine solche Aussage überhaupt nur möglich, wenn man das Neue dem Bisherigen gegenüberstellt. Wird Globalisierung hingegen als Ergebnis des Zusammenwirkens und der gegenseitigen Verstärkung längerfristiger Prozesse betrachtet, so befinden wir uns erst recht inmitten wichtiger Probleme historischer Analyse. Auf den ersten Blick schien es lange, als hätten sich Historiker wenig mit Globalisierung beschäftigt; nur eine kleine Zahl vor dem Jahr 2000 erschienener historischer Bücher trägt diesen Begriff – oder das Adjektiv «global» – im Titel. Das allerdings wäre ein wenig glaubhafter Befund. Sollte sich einer der großen Entwicklungsprozesse der Neuzeit heimlich und unbemerkt abgespielt haben? Selbstverständlich nicht. Man muss die Literatur also unter anderen Schlagworten und Rubriken suchen. Allein schon deshalb ist es erforderlich, den arg grandiosen Begriff der «Globalisierung» in Teilaspekte zu zerlegen. Dies soll im zweiten Abschnitt dieses Kapitels geschehen. Zuvor aber muss der Globalisierungsbegriff kurz in der Ideen- und Wissenschaftsgeschichte situiert werden.

1. Weltsystem – Imperialismus – «global history»

Trotz des Universalismus ihrer Vorläufer und Gründerväter (von Montesquieu bis Max Weber) hatte sich die Soziologie seit langem darauf eingerichtet, national geschlossene Gesellschaften – die deutsche, die französische, die japanische usw. – so zu untersuchen, als ließen sie sich säuberlich aus größeren Zusammenhängen herauslösen. Kritik daran war weithin ungehört verhallt.[1] Unter dem Motto der Globalisierung wurden nun Erscheinungen wie Migration, weltweite Kommunikation und weltwirtschaftliche Verflechtung nicht länger nur von Spezialisten beachtet. Die Vorstellung von Gesellschaft als einer in sich geschlossenen, kohärenten und klar abgegrenzten Einheit – die «Container-Theorie» der Gesellschaft (Ulrich Beck)[2] – wurde in Frage gestellt.

Langsamer verlief das Umdenken unter Historikern, die in ihrer großen Mehrheit Nationalhistoriker waren und sind, in der Regel Experten für die Geschichte ihrer *eigenen* Nation. Dennoch haben sich Arbeitsgebiete entwickelt, deren Ergebnisse für die Geschichte der Globalisierung genutzt werden können:

(1) Die *Geschichte der «Weltwirtschaft»*, also hauptsächlich des internationalen Handels, war lange ein Schwerpunkt der

deutschen ökonomischen, wirtschaftsgeschichtlichen und wirtschaftsgeographischen Forschung. Im späten 20. Jahrhundert trat er allerdings vorübergehend in den Hintergrund. Der neuerliche Schub der europäischen Kolonialexpansion nach 1880 und die gleichzeitigen Verdichtungsprozesse im internationalen Waren- und Kapitalverkehr waren bereits von Zeitgenossen sachverständig beschrieben worden. Das 1911 in Kiel gegründete (und heute noch bestehende) Institut für Weltwirtschaft war ein Zentrum für solche Forschungen. Die Analysen, die dort und anderswo entstanden, sind heute wertvolle Quellen für die Rekonstruktion weltwirtschaftlicher Zusammenhänge. Ein vor allem in Großbritannien, dem einstigen Zentrum der Weltfinanz, gepflegter Forschungsschwerpunkt betrifft die weltweiten Bewegungen von Kapital und die Geschichte multinationaler Konzerne.

(2) Die *Migrationsforschung*, die es ebenfalls bereits seit dem späten 19. Jahrhundert gibt, kombiniert die Fragestellungen und Methoden von Demographie und Sozialgeschichte. Sie versucht, Wanderungsbewegungen statistisch und geographisch zu erfassen, kümmert sich um Motive und Anlässe von Auswanderung (ohne gewaltsame Verschleppungen und Vertreibungen zu vergessen) und untersucht die Erfahrungen von Immigranten in ihren neuen Umgebungen. Einer ihrer Schwerpunkte liegt auf Fernwanderungen über die Ozeane hinweg. Dazu gehört als ein besonders gut untersuchter Fall der atlantische Sklavenhandel.[3]

(3) Die *Geschichte der internationalen Beziehungen* (einschließlich der Kriegs- und Militärgeschichte) ist bisher zumeist eine Geschichte entweder bilateraler zwischenstaatlicher Beziehungen oder interner Entwicklungen im europäischen Großmächtesystem gewesen. Sogar die *Welt*kriege des 20. Jahrhunderts sind lange Zeit nicht in der Fülle ihrer globalen Zusammenhänge dargestellt worden. Inzwischen mehren sich aber Bücher, deren Autoren systemische Beziehungen über Kontinentalgrenzen hinweg untersuchen.[4]

(4) Die *Geschichte von Imperialismus und Kolonialismus* ist eine besonders wichtige Grundlage für Globalisierungsgeschichte. Nicht zufällig propagierten einige der international

führenden Vertreter dieser Richtung früh eine Erweiterung der «imperial history» zur «global history».[5] Dieses Arbeitsfeld, das sich in Deutschland lange auf die Geschichte der deutschen Kolonien konzentrierte, hat sich während der letzten beiden Jahrzehnte für eine Vielzahl neuer Fragestellungen geöffnet und kommt Vorstellungen von einer «histoire totale» näher als andere Teilbereiche der Geschichtswissenschaft. Es übernimmt Anregungen aus der Ethnologie (bzw. Kulturanthropologie) und profitiert von der Beschäftigung der benachbarten «post-colonial studies» mit Fragen kultureller Identitätsbildung – vielfach Fällen von «Glokalisierung» – sowie ihrer Kritik am Eurozentrismus.[6]

Keiner dieser vier Bereiche lässt sich mit einer einzigen «großen» Theorie globaler Veränderung identifizieren. Gibt es solche umfassenden Ansätze? Seit den frühen 1990er Jahren, also parallel zum Aufkommen des Themas «Globalisierung» in den Sozialwissenschaften, beobachtet man, vor allem im englischen Sprachraum, ein starkes Interesse an «world history» oder «global history».[7] Will man differenzieren, dann wäre «Weltgeschichte» die Geschichte der verschiedenen Zivilisationen auf der Welt unter besonderer Berücksichtigung des Vergleichs zwischen ihnen, «Globalgeschichte» hingegen primär die Geschichte der Kontakte und Interaktionen zwischen diesen Zivilisationen. Globalgeschichte ist weder ein eigenständiges Forschungsgebiet mit charakteristischen Methoden noch ein inhaltliches Dogma. Sie misstraut zum Beispiel trivialen Annahmen von der Art der Versicherung, die Welt werde zunehmend zu einem «globalen Dorf», und wendet sich gegen die Vorstellung, die Geschichte der Neuzeit sei als «Aufstieg des Westens» bereits erschöpfend beschrieben.[8] Man kann sie als eine Art des «diagonalen» Fragens quer zu den Nationalgeschichten verstehen und als den Versuch, Beziehungen zwischen Völkern, Ländern und Zivilisationen nicht allein machtpolitisch und wirtschaftlich zu betrachten.[9] Die Geschichte der Globalisierung, also eines ziemlich genau definierbaren Prozesses, ist ein Unterproblem der Globalgeschichte, die durchaus auch Beziehungen untersuchen kann, die *nicht* unmittelbar zur Globalisierung beitragen.

Beharrt man auf der Suche nach einem konzeptionellen Gesamtrahmen, dann wird man schließlich auf den Begriff des «Weltsystems» stoßen. Seit 1974 hat der amerikanische Soziologe Immanuel Wallerstein in einer langen Reihe von Schriften eine Theorie des «modernen Weltsystems» entwickelt, die selbst von ihren Kritikern als eine bedeutende Leistung gewürdigt wird. In enger Anlehnung an die historische Forschung hat Wallerstein seinen Ansatz bisher für die Zeit von etwa 1500 bis 1914 ausgearbeitet.[10] Die Weltsystemanalyse ist bis zur Beschreibung des «American Century» nach dem Ersten Weltkrieg noch nicht vorgedrungen. Sie bleibt bisher vor allem eine Deutung der Expansion der «kapitalistischen Weltwirtschaft» europäischen Ursprungs.

Davon zu trennen ist die Tatsache, dass sich einige Elemente der Wallerstein'schen Analysemethode auch außerhalb des rigiden Theorierahmens als fruchtbar erwiesen haben: (1) die Idee einer Skala von Untersuchungsebenen, die vom Weltsystem bis hinab zum privaten Haushalt reicht und unter denen der Nationalstaat nicht besonders hervorgehoben ist; (2) das Konzept einer im Einzelfall geographisch und institutionell konkret beschreibbaren und nach Graden differenzierbaren «Inkorporation» (Einverleibung) externer Gebiete an den äußeren Grenzen einer fortwährend expandierenden kapitalistischen Weltökonomie;[11] (3) der Begriff der «Semi-Peripherie», der eine variable dritte Position zwischen wirtschaftlichen «Kernen» und Peripherien bezeichnet.[12]

2. Netzwerke und Interaktionsräume

Gibt es einen Weg, sich der (Vor-)Geschichte von Globalisierung zu nähern, der über unverbundene Parallelgeschichten einzelner Zivilisationen und Länder hinausführt, ohne dass man sogleich das Weltsystem (oder eine vergleichbare Schöpfung der Soziologie, die Weltgesellschaft)[13] beschwören muss? Ist es unumgänglich, die Welt «von oben» zu sehen? Lässt sie sich nicht auch «von unten» konstruieren? Eine Reihe von Soziologen und Ethnologen haben dies bereits getan, indem sie

Netzwerken aufeinander bezogener Interaktionen nachspürten. Selbst scheinbar isolierte dörfliche Gemeinschaften sind, wie sich dabei herausstellte, über kulturell-religiöse Kommunikation, Geldströme oder Heiratsbeziehungen in Interaktionszusammenhänge von großer Reichweite integriert. Zugleich partizipieren Individuen bereits bei solchen Kleingruppen an verschiedenen überlappenden, aber nicht deckungsgleichen sozialen Zusammenhängen, die deshalb auch nicht als «Teile» eines räumlich umgrenzten gesellschaftlichen «Ganzen» angesehen werden können. Paradoxerweise scheint es daher mehr zu versprechen, mit der Erforschung weltweiter Zusammenhänge auf der Ebene individuellen Handelns zu beginnen statt auf derjenigen der Welt als Ganzer.

Da wir in solcher Weise Globalisierungsprozesse aus beobachtbaren *Interaktionen* zwischen Individuen und Gruppen erschließen möchten, wird *Netzwerk* einer unserer zentralen Begriffe sein.[14] Die Sache selbst ist keine neue Entdeckung. Schon im wirtschaftswissenschaftlichen Denken des frühen 20. Jahrhunderts hat man die Weltwirtschaft als ein weltumspannendes, in der «alten Kulturwelt» besonders eng geknüpftes «Netzwerk» beschrieben, in dem unzählige verschlungene «Fäden … den einzelnen Wirtschaftsbetrieb, auch den kleinsten und bescheidensten, … mit Millionen anderer Wirtschaftsbetriebe» verbinden, so dass die Entwicklung der «modernen Industrie- und Handelsstaaten … nur vom weltwirtschaftlichen Standpunkte verstanden und beurteilt werden» könne.[15] An solche komplizierten Gebilde denkt die elementare Netzwerkanalyse allerdings nicht. Eher ist es nötig zu betonen, dass nicht jeder gesellige Verkehr zwischen mehr als zwei Personen schon ein Netzwerk darstellt, ebenso wenig wie nicht jede Münze, die fern von ihrem Ursprungsort in einer archäologischen Grabungsstätte gefunden wird, schon als Beweis für Globalisierung gelten darf. Ein Netzwerk setzt ein bestimmtes Maß an Dauerhaftigkeit und institutioneller Untermauerung voraus, und auch dann ist es noch, wie Manuel Castells betont, eine zwar flexible, aber nicht sehr stabile Form sozialer Organisation. Erst in der Gegenwart seien, so Castells, durch die neuen Informationstechniken Mittel vorhanden, Netzwerke mit der gleichen Stabilität wie hierarchische Organisationen aufzubauen und damit zu tragenden Strukturen des wirtschaftlichen und politischen Lebens zu machen.[16] Von einem ganz anderen Ausgangspunkt her, der Theorie der internationalen Beziehungen, gelangte John W. Burton schon Anfang der 1970er Jahre zu seinem «Spinnennetzmodell» weltweiter sozialer Beziehungen. Burton schlug beispielsweise vor, auf einer Weltkarte ohne politische Grenzen alle Telefongespräche, alle Reisen oder alle Warenbewegungen aufzutragen. Auf Burtons Weltkarte sind also nicht Territorien und Grenzen abgebildet, sondern soziale Interaktionen. Das entstehende Bild ähnelt den aus Satellitenfotos zusammengesetzten Aufnahmen des «Erdballs bei Nacht», auf denen auch keine Grenzen mehr, sondern nur noch Räume verdichteter menschlicher Ansiedlung mit hohem Energieeinsatz zu sehen sind. Erst in dieser «Transaktionswelt», wie Burton sie nennt, verdichten sich Interaktionen zu Netzwerken, Strukturen oder Systemen.[17]

Interaktionen können sich also zu Netzwerken verstetigen und diese wiederum durch Institutionen, die oft – wie eine diplomatische Allianz oder eine internationale Handelsordnung – Ergebnisse politischen Wollens sind, Stabilität gewinnen. Ein Nachteil des Netzwerkskonzepts wie überhaupt jeder Verräumlichung des Sozialen besteht allerdings darin, dass es dazu verleitet, gesellschaftliche Prozesse abzuflachen, Hierarchien und Machtdifferenzen zu bagatellisieren und die unterschiedliche Tiefe und Intensität von Beziehungen zu übersehen.[18] Dass Netzwerke bestehende Grenzen überschreiten oder auflösen, hindert sie nicht daran, neue zu schaffen. Hier kann Wallersteins Beharren auf Widersprüchen, Konflikten und auf Zentrum-Peripherie-Ungleichgewichten korrigierend wirken.

Interaktionen verteilen sich sehr selten gleichmäßig über den Globus. Ihre Verdichtung bildet *Interaktionsräume*, die zu einem Teil durch die natürliche Umwelt vorgegeben sind. Auch wenn man die Bedeutung des Nationalstaates als Bezugseinheit relativiert, wird man für die längsten Abschnitte der Vergangenheit Interaktion und Kommunikation nicht in planetarischem

Maßstab, sondern bestenfalls in umschreibbaren, wenngleich selten deutlich begrenzten Räumen wirken sehen. Diese Räume sind allerdings oft sehr ausgedehnt und können ganze Kontinente und Ozeane umfassen. Die Geschichte von Globalisierung ist zu einem großen Teil die Geschichte des Aufbaus solcher Räume aus Interaktionen und Vernetzungen und diejenige ihrer Verbindung untereinander.[19]

Das Bild des Netzes darf nicht den banalen Eindruck erwecken, als hänge alles mit allem zusammen. Interaktionen sind gerichtet. Manche von ihnen verlaufen tatsächlich reziprok und interaktiv, Tauschakte zum Beispiel, andere aber nicht. Der transatlantische Sklavenhandel der Frühen Neuzeit kannte nur eine Richtung; fast keiner der verschleppten Afrikaner kehrte je in seine Heimat zurück. Dennoch war der Sklavenhandel Teil eines trikontinentalen Netzwerks, das man als «Dreieckshandel» bezeichnet. Auch Warenketten (commodity chains), also die Abfolge aller in ein bestimmtes Produkt eingehenden Rohstoffe, Zwischengüter und Dienstleistungen, haben auf den ersten Blick eine lineare Gestalt. Aus dem Zusammenspiel zahlreicher solcher Ketten entstehen aber weltumspannende wirtschaftliche Interaktionsräume.[20] Erst auf der Grundlage empirisch abgestützter «Verflechtungsbilanzen» – im vorstatistischen Zeitalter muss man sich dabei mit Schätzungen behelfen – lassen sich solche Interaktionsräume identifizieren.

Einige Fragen stellen sich immer wieder, an vorderer Stelle die nach der *Reichweite* von Interaktionen und die nach ihrer *Bedeutung*. So macht es einen Unterschied, ob ein Land – wie Frankreich – an der großen europäischen Auswanderung des späten 19. und frühen 20. Jahrhunderts nach Amerika so gut wie gar nicht teilnahm oder ob es einen stattlichen Teil seiner Bevölkerung durch Emigration verlor: Zwei Drittel aller gebürtigen Iren lebten 1914 im Ausland.[21] Umgekehrt entstanden in den USA große irische, aber keine französischen «immigrant communities» (die es wiederum, aus älterer Zeit stammend, in Kanada gab). Die Kriterien von Reichweite und Bedeutung müssen auch in einem direkten Zusammenhang miteinander gesehen werden: Lokale Netzwerke hat es immer schon gegeben.

Im Laufe der Globalisierung nimmt aber die *relative* Bedeutung von Netzen mit großer (im Extremfall weltweiter) Reichweite zu. Einfacher gesagt: Das Ferne wird im Leben bestimmter Menschengruppen immer wichtiger. Um 1800 war für Europäer ein Produkt «made in China» – etwa Porzellan oder Seide – unweigerlich ein Luxusgegenstand; heute ist es eine Alltäglichkeit.

Vernetzungen unterscheiden sich weiter je nach der *Intensität* und *Geschwindigkeit* von Kontakten. Hierbei kommt es auf die verfügbaren technischen Mittel und auf organisatorisch-institutionelle Voraussetzungen an, die immer notwendig sind, um Technologie effizient einzusetzen. Zu fragen ist auch nach den *Medien* der Vernetzung: Schon mit relativ geringen Transportkapazitäten kann der Transfer von Ideen oder der von Metallen, die als Mittel ökonomischer oder militärischer Macht in Frage kommen, über große Entfernungen hinweg eine beachtliche Wirkung erzielen. Krankheitserreger sowie eingeschleppte oder importierte Pflanzen und Tiere können sogar ohne einen direkten Kontakt zwischen Menschen Kausalbeziehungen zwischen Gesellschaften herstellen.[22] Die «Amerikanisierung» Deutschlands begann in gewisser Hinsicht nicht 1945, sondern im 18. Jahrhundert mit der Verbreitung der Kartoffel.

Diese Beispiele unterscheiden sich in zwei weiteren wichtigen Dimensionen: der *Dauer* der Interaktion und ihrer *Frequenz*. Durch regelmäßige Wiederholung kann aus einzelnen Interaktionen ein festes Netz werden, in dem sich zwischen den Beteiligten eine stabile Arbeitsteilung und eine Orientierung an den ökonomischen Bedürfnissen und kulturellen Symbolsystemen der Interaktionspartner herausbildet. Netzwerke können in unterschiedlichen Dimensionen sozialen Handelns einer je eigenen Ausdehnung und Dynamik folgen. Es ist aber auch möglich, dass sie durch ein starkes politisches Zentrum auf einen geographischen Raum konzentriert oder durch einen alles überlagernden Konflikt «gleichgeschaltet» werden. Dynamik kann eingefroren, manche Prozesse können rückgängig gemacht werden. Immer wieder sind das Zerreißen, Schrumpfen und Ausdünnen von Beziehungsnetzen und die Schwächung der sie stabilisierenden Institutionen zu registrieren. De-Globalisierung ist keine Zukunftsvision, sondern ein historisch beobachtbares Phänomen.

Zusammenfassend lässt sich sagen: Fasst man Globalisierung als den Aufbau, die Verdichtung und die zunehmende Bedeutung weltweiter Vernetzung auf, so verliert der Begriff seinen statischen und totalisierenden Charakter. Die Frage ist nun nicht mehr, ob sich mit dem Begriff der «Globalisierung» eine adäquate Zustandsbeschreibung der Welt der Gegenwart geben lässt. Vielmehr wird die Aufmerksamkeit auf die Geschichte weltweiter Verflechtungen, ihres Aufbaus und ihrer Erosion, ihrer Intensität und Auswirkungen gelenkt.

3. Perioden

Schließlich ein Wort zur Periodisierung, also der Einteilung von Entwicklungen in Zeitabschnitte. Sie ist unvermeidlich, wenn man Geschichten erzählt. Historische Prozesse verlaufen selten mit mechanischer Gleichförmigkeit. Sie sind in der Zeit strukturiert durch Beschleunigung und Verlangsamung, durch Einschnitte und Schübe, Wellenkämme und Wellentäler, durch die verdichtete zeitliche Nähe von Neuerungen. Nur bei den wichtigsten Daten der politischen und militärischen Ereignisgeschichte – 1789, 1914, 1945 oder 1989 – scheinen sich die Grenzen zwischen «Epochen» von selbst zu ergeben. Aber sogar solche spektakulären Einschnitte bedeuten nicht unweigerlich auch gleichzeitige Zäsuren in Lebensbereichen, die sich stetiger entwickeln als das politische Geschehen. Da Globalisierung verschiedene dieser Lebensbereiche umfasst – Wirtschaft, Technik, staatliche Organisation, Kultur, um nur die wichtigsten zu nennen –, überlagern sich unterschiedliche Periodisierungen. Das macht es besonders schwierig, der Geschichte eine *eindeutige* Ordnung der Zeit aufzuprägen. Jeder einigermaßen gut begründete Periodisierungsvorschlag ist aber immerhin diskutabel; und solche Diskussionen dienen nicht selten unserem Verständnis der Geschichte. Dies ist unser Vorschlag:

Wir halten es für problematisch, wie selbstverständlich anzunehmen, dass Globalisierung sich über Tausende von Jahren erstreckt habe.[23] Auf der anderen Seite ist die Idee, vormoderne Gesellschaften seien nur kleinräumig organisiert gewesen und sie hätten allein auf Selbstversorgungswirtschaft im Rahmen des Haushalts, der Dorfes oder bestenfalls einer Stadt-Umland-Beziehung beruht, heute nicht länger haltbar. Es gab in der älteren Geschichte immer wieder *Globalisierungsanläufe*, die aber stets irgendwann einmal abbrachen. Daher kann man sie als *Vorgeschichte* der Globalisierung betrachten. Wir folgen Immanuel Wallerstein, indem wir einen neuerlichen Globalisierungsanlauf, der mit dem Aufbau der portugiesischen und spanischen Kolonialreiche seit der Zeit um 1500 begann, als den Anfang einer im Prinzip irreversiblen weltweiten Vernetzung verstehen. Entdeckungsreisen und regelmäßige Handelsbeziehungen setzten erstmals Europa, Afrika, Asien und Amerika in einen direkten Kontakt, aus dem bis zur Mitte des 18. Jahrhunderts eine stabile multilaterale Interdependenz geworden war.

Um die Mitte des 18. Jahrhunderts waren zumindest wirtschaftlich stabile und potentiell wirkungsmächtige transkontinentale Vernetzungen etabliert. Im Zentrum des folgenden Zeitabschnitts, den wir auf etwa 1750 bis 1880 datieren, steht der Aufbau weltwirtschaftlicher Verflechtungen von bislang unbekannter Dichte unter dem Einfluss der von der Industriellen Revolution geschaffenen Produktions-, Transport- und Kommunikationskapazitäten. Gleichzeitig zieht sich Europa politisch auf sich selbst zurück: Die Strukturen der Kolonialreiche in Amerika lösen sich bis auf unbedeutende Reste auf; die «Entstehung der Weltwirtschaft» verläuft unter den Bedingungen des sich durchsetzenden Freihandels. Zugleich beobachtet man den Export europäischer Institutionen – darunter des Nationalstaates – und europäisch-«westlicher» Denkweisen in die Welt. In den 1860er und 1870er Jahren wirken erstmals auf wirtschaftlichem Gebiet wahrhaft globale Interdependenzen, von denen sich einige sogar statistisch ziemlich exakt nachweisen lassen.

Nach 1880 setzt eine Politisierung der Globalisierung ein: Die nun nationalstaatlich verfassten Gesellschaften wollen die Auswirkungen weltwirtschaftlicher Vernetzung politisch einhegen. Nach außen wird Weltwirtschaft als Weltpolitik, als Funktion nationaler Macht, aufgefasst. Bald entstehen Konflikte zwischen den «Weltmächten», die ein Zeitalter der wirtschaftlichen De-Globalisierung und zugleich eines der Weltkrisen und Weltkriege einläuten. Auf diese Periode folgt nach 1945 das bewusste Bemühen um den Aufbau einer besseren Weltordnung nach zwei konkurrierenden Mustern in zwei konkurrierenden Machtblöcken. Dabei entstehen zum einen die Strukturen, innerhalb derer auch die Globalisierung der Gegenwart sich entwickelt hat – insbesondere durch Dekolonisation, multinationale Konzerne, Entwicklungspolitik, Konsumgesellschaft usw. Zum anderen tritt eine neue Art von Globalisierung stärker hervor: die Welt als Schicksalsgemeinschaft angesichts der Möglichkeit ihrer nuklearen Vernichtung und allmählich sichtbarer werdender grenzüberschreitender Umweltprobleme. Wann die Epoche endet, die von einigen als ein goldenes Zeitalter der Weltwirtschaft beurteilt wird, ist so strittig, dass wir uns nicht festlegen wollen. Wir lassen unsere Darstellung im späten 20. Jahrhundert auslaufen. Eines aber ist klar: Der Zusammenbruch des Sowjetblocks 1989–91 ließ nicht plötzlich eine ganz neue Welt entstehen. Er war selbst bereits zu einem erheblichen Teil das Ergebnis globalisierender Kräfte, deren erstes Wirken in den 1970er Jahren diagnostiziert werden kann.

III. Bis 1750: Aufbau und Verfestigung weltweiter Verbindungen

1. Fernhandel, Großreiche, Ökumenen

Nachdem Immanuel Wallerstein 1974 seine historisch-theoretische Skizze der Entstehung eines «modernen Weltsystems» im 16. Jahrhundert vorgelegt hatte, konnte der Einwand nicht ausbleiben, es habe ähnliche Weltsysteme schon wesentlich früher gegeben; einige Autoren wollten sie sogar auf die Zeit vor 5000 Jahren zurückdatieren.[1] Diese Kritik hatte einen politischen Hintergrund: das Bestreben, Wallersteins angeblichen «Eurozentrismus» zu überwinden. Letzten Endes erzählt – und dies würde er selbst nicht bestreiten – nämlich auch Wallerstein eine Geschichte vom «Aufstieg des Westens», die an der Einzigartigkeit des neuzeitlichen Europa keinen Zweifel lässt. Wenn indes in der Vergangenheit ständig Weltsysteme aufstiegen und niedergingen, dann fällt es schwer, der europäisch-atlantischen Neuzeit eine Sonderrolle zuzusprechen.

Man muss in dieser ziemlich spitzfindig geführten Debatte nicht Stellung beziehen, um anzuerkennen, dass sie die Aufmerksamkeit für großräumige Integration in vor-neuzeitlichen Epochen der Geschichte erneuert hat. Eine solche Integration konnte in verschiedenen Formen erfolgen, von denen drei besonders wichtig sind. Die erste dieser Formen war die – anfangs zumeist zwangsweise – Zusammenfassung kleinerer politischer Einheiten zu einem *Großreich*. Bei der Bildung von derartigen Reichen gingen kleinere politische Einheiten – Königtümer, Stammesföderationen oder Stadtstaaten – in einem größeren Ganzen auf, das gekennzeichnet war durch (a) eine gesamtimperiale Herrschaftshierarchie, oft mit einem Monarchen (Kaiser) an der Spitze, (b) durch einen großräumig einsetzbaren Militärapparat sowie (c) durch den symbolisch bekräftigten Anspruch der Reichszentrale, zugleich der Mittelpunkt aller bekannten Zivilisation zu sein. Auch wenn es zusätzlich durch kulturellen «Kitt» zusammengehalten wurde, war ein Großreich im Grunde ein zentralisierter Zwangsverband (und daher niemals ein «Netzwerk»). Wenn der militärische Arm des Reichszentrums erlahmte, bestand immer die Gefahr der sezessionistischen Verselbständigung einzelner Reichsteile und der Eroberung von Randgebieten durch aggressive Nachbarn.

Eine zweite Form der Integration war die *religiöse Ökumene*. Großreich und Ökumene konnten ungefähr deckungsgleich sein. Das war jedoch keineswegs der Normalfall. Das Verbreitungsgebiet von Religionen war in der Regel viel größer als jeder politisch-militärische Verband, der sich im Zusammenhang mit der betreffenden Religion bildete. Christentum, Islam oder Buddhismus ließen sich in politischen Grenzen nicht einfangen.

Am ehesten deckten sich die politische Geographie und diejenige der Weltbilder im Falle Chinas. Dort war auf den verschiedenen Höhepunkten weltlicher Machtentfaltung das Reich im Wesentlichen identisch mit jenem Gebiet, in dem die Oberschicht sich an der Morallehre (dies ist hier der bessere Ausdruck als «Religion») des Konfuzianismus orientierte. Doch strahlte der Konfuzianismus auch auf ein Nachbarland wie Japan aus (ohne dort jemals dominant zu werden), das niemals dem chinesischen Kaiser untertan war.

Ein Ökumene bestand daher im Allgemeinen aus zahlreichen politischen Einheiten. Sie mussten nicht immer friedlich miteinander umgehen; das beweist die europäische Geschichte der Neuzeit ebenso wie die jahrhundertelange Spannung zwischen den beiden islamischen Staaten Osmanisches Reich (heute der Türkei) und Iran. Auch musste ein Reich umgekehrt nicht unbedingt auf der Grundlage einer Religion beruhen, die mehr war als ein lokal begrenzter Kult, also eine Universalreligion von prinzipiell unbeschränktem Geltungsanspruch. Das Mongolische Weltreich des 13. Jahrhunderts zum Beispiel kam ohne eine solche «Hoch»-Religion aus. Unter anderem aus diesem Grunde bestand es aber verhältnismäßig kurz: Seine «ideologische» Bindekraft war gering. Religiöse Ökumenen wären sehr luftige Gewebe geblieben, hätten sie nur auf gemeinsamen Glaubensvorstellungen beruht. Sie waren mehr als bloße «vorgestellte Gemeinschaften» (imagined communities). Zweierlei musste hinzukommen, um einen stabilen Zusammenhalt zu gewährleisten: zum einen eine Mobilität hin zu heiligen Zentren, also die Pilgerschaft (bei der oft große Entfernungen zu überwinden waren), zum anderen die weiträumige Verbindlichkeit gewisser ritueller und lebenspraktischer Regeln, anders gesagt: ein Pflichtenkatalog, dessen Befolgung über geographische und sogar über sprachliche Grenzen hinaus selbstverständlich war. Überall in der islamischen Welt zum Beispiel widmen sich die Gläubigen zu festgesetzten Zeiten dem Gebet. Religiöse Ökumenen wurden oft – aber nicht immer – zusätzlich auch durch das Studium «heiliger» Schriften zusammengehalten, etwa der Bibel oder des Koran. Eine zentralisierte Kirchenorganisation mit einer von den weltlichen Mächten teilweise unabhängigen Priesterhierarchie war alles andere als der Normalfall. Sie ist eine Besonderheit des römisch-katholischen Christentums.

Ein dritte Form der Integration war schließlich die *Fernhandelsverbindung*. Man zögert, hier von «Netzen» zu sprechen, obwohl es auch sie durchaus gab. Doch schon einzelne Handelslinien wie die Seidenstraßen zwischen China und dem Mittelmeerraum, die Schifffahrt zwischen der Arabischen Halbinsel und Indien oder die stärker frequentierten unter den Karawanenwegen des Nahen Ostens und Nordafrikas schufen nicht selten dauerhafte Verbindungen zwischen weit voneinander entfernten zivilisatorischen Zentren. Auf solchen Pfaden bewegten sich Menschen (vielfach waren sie Sklaven), Waren und Münzen, Kunstgegenstände und Ideen. Historiker haben erst vor kurzem begonnen, die Mannigfaltigkeit solcher Mobilität in vielen Teilen der Welt zu entdecken. Galten lange Zeit unbewegliche Bauerngesellschaften als die Norm der vormodernen Welt, so findet man heute überall Kontakt, Transfer und Austausch in einem Maße, das selten als marginal betrachtet werden kann. Selbst der Übergang von der europäischen Antike zum Mittelalter (ca. 300 bis 900), also eine Epoche, die man oft als eine der Schrumpfung und Barbarisierung («Dark Ages» heißt sie im Englischen) beschrieben hat, ist als eine Neukonfiguration dynamischer Verkehrs- und Handelsbeziehungen dargestellt worden.[2]

Man könnte schließlich an eine vierte Form großräumiger Integration denken: die Migrationen größerer Menschengruppen. Die Archäologie, die Ethnologie und in jüngster Zeit ein für Historiker besonders hilfreiches Nachbargebiet, die historische Genetik,[3] finden immer neue Spuren solcher Wanderungen, die über Land und Meer manchmal Tausende von Kilometern überbrückten. Die vorgeschichtliche (vielleicht um 70 000 v. Chr. beginnende) Besiedlung Amerikas aus Nordasien, die von den Marquesas-Inseln ausgehende Kolonisation der ostpazifischen Inselgruppen im Zeitraum zwischen etwa 1500 und 800 v. Chr. durch eine hochmobile Seefahrerpopulation oder die Ausdehnung Bantusprechender Völker der Niger-Kongo-Region nach

Osten, Westen und Süden zwischen etwa 500 v. Chr. und 1000 n. Chr. sind bekannte Beispiele. Solche Wanderungen führten allerdings selten zu dauerhaften großräumigen Strukturbildungen. Die Menschen verließen ihre ursprünglichen Wohnorte, kehrten nicht dahin zurück und unterhielten keine oder nur schwache Beziehungen zu den möglicherweise Zurückgebliebenen. Auch erfolgten die Wanderungen nicht mit organisierter Regelmäßigkeit – so wie die Verschleppung von afrikanischen Sklaven über den Atlantik während der Frühen Neuzeit. All dies unterscheidet die frühen Völkerzüge von denen der Zeit seit dem 16. Jahrhundert. Erst mit diesen beginnt die Migrationsgeschichte unter dem Vorzeichen der Globalisierung.

Versucht man, die Weltgeschichte ungefähr des Milleniums vor 1500, also eines sehr langen «Mittelalters», zu überblicken, dann fallen zwei Schübe großräumiger Integration auf. Wenn man aus Gründen der Einfachheit eine schematische Jahrhundertzählung verwendet, dann kann man diese Schübe auf das 8. und das 13. Jahrhundert datieren. Die wichtigste Entwicklung in der ersten Phase war die Entstehung und militärische Ausbreitung einer neuen monotheistischen Religion am Rande der Arabischen Wüste. Um 800, d. h. knapp zweihundert Jahre nach der Stiftung des Islam durch den Propheten Muhammad, stand ein riesiges Gebiet von Andalusien im Westen bis Samarkand im heutigen Usbekistan unter der Herrschaft muslimischer Militäraristokratien. Trotz politischer Fragmentierung, die bestenfalls für wenige Jahrzehnte um 800 herum durch so etwas wie ein Einheitsreich (das Kalifat der Abbasiden mit seinem Zentrum in Bagdad) überwölbt wurde, war der Zusammenhalt der neuen religiösen Ökumene überaus stabil. Mit Ausnahme Spaniens sind alle damals islamisierten Gebiete bis zum heutigen Tage Teil der *umma*, der Gemeinschaft muslimischer Gläubiger, geblieben. Etwa zur gleichen Zeit wurde in Ostasien ein Großreich erneuert, dessen Konturen ebenfalls in der Gegenwart noch erkennbar sind. Die chinesische Tang-Dynastie stellte das Imperium der 220 n. Chr. untergegangenen Han-Dynastie in etwa demselben Umfang wieder her, den es einst gehabt hatte. Er reichte vom Gelben Meer bis kurz vor

Taschkent im Westen. Fast alle Gebiete, über welche die Tang-Kaiser ihren Herrschaftsanspruch erhoben, gehören heute noch zur Volksrepublik China.

Welche Beziehungen bestanden zwischen diesen beiden kulturell sehr unterschiedlichen Zivilisationen, die zugleich die stärksten Machtblöcke ihrer Zeit waren? Die Frage ist auch deshalb interessant, weil beide Zivilisationen eine analoge und sogar synchrone Entwicklung durchliefen. Auf die militärischen Eroberungen folgte in beiden Fällen ein Aufblühen der städtischen Kultur und des Handels.[4] Dennoch: Der Kontakt zwischen ihnen beschränkte sich auf eine kurze militärische Konfrontation in Zentralasien in den 750er Jahren. Abgesehen davon, dass sich die alte chinesische Erfindung des Papiers über Samarkand und Bagdad nach Europa ausbreitete, gingen von den wenigen Beziehungen, die es gab, zunächst erst wenige transformierende Wirkungen aus. Die militärisch wie wirtschaftlich kraftvollsten Zentren der Erde blieben weitgehend auf sich selbst bezogen.[5]

Der zweite mittelalterliche Schub großräumiger Integration war keine bloße Wiederholung des ersten. Der Anstoß kam abermals von der Peripherie – so wie bereits der Islam am Rande des Byzantinischen Reiches entstanden war. Knapp 600 Jahre später bildete sich in der Steppe nördlich des Chinesischen Reiches innerhalb kurzer Zeit die nomadische Reitermacht der Mongolen. Durch Dschingis Khan 1206 zum ersten Male geeint, drangen die mongolischen Stämme im Osten bis Korea, im Westen bis vor Wien und Damaskus und im Süden bis zur indochinesischen Halbinsel vor. Aus diesen verwüstenden Heerzügen entstand nach 1259 immerhin so etwas wie ein lockerer imperialer Verbund, dessen langsamer Niedergang erst mit der Vertreibung der Mongolen aus China 1368 begann.

Die Mongolen haben in der Chronistik ihrer christlichen, chinesischen und arabisch-persischen Opfer und Widersacher aus guten Gründen wenig Sympathie gefunden. Heutige Historiker differenzieren das historische Urteil und betonen die außerordentliche Reise- und Handelsfreiheit, die unter der «Pax Mongolica» in Eurasien möglich war. Erstmals drangen sogar europäische Missionare nach Ostasien vor, ohne dort aber nennenswerte Bekehrungserfolge zu erzielen. Bezieht man noch das Aufblühen des westeuropäischen und des indisch-südostasiatischen Fernhandels sowie den mittelmeerischen Expansionismus der Kreuzritter und der Seerepubliken in das Gesamtbild ein, dann lässt sich erkennen, dass im 13. Jahrhundert Migrations- und Zirkulationsräume von einer nie da gewesenen Ausdehnung entstanden.[6] Die Verbreitung der Beulenpest, die von ihrem Ausgangsort in Zentralasien um 1330 die ersten großen Städte in China erreichte und innerhalb der beiden folgenden Jahrzehnte bis Portugal, Marokko und in den Jemen vordrang, war weitgehend eine Folge erleichterter Mobilität. So entstand durch Reiterkrieger und Mikroben erstmals ein eurasischer Kalamitätenzusammenhang.[7] Von solchen weitreichenden Wirkungsketten führte allerdings kein gerader Weg zum Aufbau weltumspannender Strukturen. Die Mongolen öffneten zwar Räume, verhielten sich aber zu den politischen und kulturellen Einrichtungen, die sie antrafen, bestenfalls parasitär. Von der Mongolenherrschaft gingen fast nirgendwo konstruktive Impulse aus – so wie von den Globalisierungsvormächten der späteren Neuzeit.

Die Offenheit des eurasischen «Hochmittelalters», zu dem der verheerende Mongolensturm ebenso gehört wie die universalen Denkgebäude von Theologen und Philosophen in der arabischen, christlich-lateinischen und chinesischen Welt, wich etwa vom 14. bis zum 16. Jahrhundert einer Verstärkung von Integration *innerhalb* bereits bestehender Einheiten und einer stärkeren Abgrenzung *zwischen* ihnen. China war 400 Jahre lang die große asiatische Seemacht gewesen. Es verlor diese Stellung um 1430 herum, zu einer Zeit, als das Reich der Ming-Dynastie gegenüber den wiedererstarkten Mongolen in eine lang andauernde Defensive geriet. Die chinesische Expansion war für fast 300 Jahre beendet. China interagierte mit der Außenwelt durch ein zunehmend ritualisiertes «Tributsystem», das den Kaiser immer wieder in seiner Position als Universalherrscher des Ostens symbolisch bestätigte und im Übrigen den *status quo* aufrechterhielt. Jetzt erst wurde China zu dem abgeschotteten – wenngleich im Inneren durchaus wandlungsfähigen – «Reich der Mitte», das westliche Beobachter im 17. Jahrhundert kennenlernten. Das von China stets politisch unabhängige Japan ging noch einen Schritt weiter. Es verringerte nach seiner herrschaftlichen Einigung um 1600 seine Beteiligung am Überseehandel in der ostasiatischen Region und verzichtete bis zur Mitte des 19. Jahrhunderts auf eine Außenpolitik der Bündnisse und Kriege. Für andere Fremde als Chinesen, Koreaner und eine kleine Zahl streng überwachter holländischer Kaufleute war der Archipel so gut wie unzugänglich.[8]

Im Westen und Süden Eurasiens findet man eine widersprüchliche Entwicklung.[9] Einerseits führten Konfessionsspaltung und Religionskriege zu einer inneren Krise der christlichen Ökumene, andererseits wurden die Grenzen zwischen den benachbarten Zivilisationsräumen der Christenheit und der islamischen Welt kräftiger markiert als zuvor. Muslime wurden aus Spanien vertrieben und verdrängt. Die neue vorderasiatische Großmacht der muslimischen Osmanen brachte das ostchristliche Byzantinische Reich zu Fall und trat, geopolitisch gesehen, sein Erbe an. Die militärische Auseinandersetzung wurde von Levante, wo sie während der Kreuzzüge stattgefunden hatte, auf den Balkan getragen. Belgrad wurde zum nördlichen Vorposten des Osmanischen Reiches (und blieb es bis 1867). In einer Zeit fortwährender kriegerischer Spannungen ging das wechselseitige Interesse zwischen Christenheit und Islam im Vergleich zum 13. Jahrhundert auf beiden Seiten zurück. Die großen religiösen Ökumenen verschlossen sich stärker voneinander, als sie es im Hochmittelalter getan hatten. Die langsam entstehende europäische Orientalistik (zu der es in der islamischen Welt kein Gegenstück einer «Europäistik» gab) konnte die Atmosphäre religiöser und machtpolitischer Verfeindung nicht entspannen. Wirtschaftlich waren jedoch die Länder Europas und des Nahen und Mittleren Ostens viel stärker nach außen orientiert als gleichzeitig China und Japan. Wie bereits seit der Antike wurden das Mittelmeer und seine angrenzenden Regionen von Handelswegen durchzogen, die sich über die Alpen hinweg ins Schwarzmeergebiet und ins subsaharische Afrika verlängerten. Die Integration durch Fernhandel, zunehmend gesamtmittelmeerischen Konjunkturen unterworfen, schritt weiter voran.

Zugleich lebte der imperiale Integrationsmodus wieder auf. In der islamischen ebenso wie in der christlichen Kultursphäre war an eine allumfassende «Universalmonarchie» nicht länger zu denken. Deren Gegenteil, eine kleinräumige politische Zersplitterung, wurde jedoch ebenso vermieden. Mitteleuropa, Italien, Südindien oder Malaya blieben politisch fragmentiert (keineswegs immer zum Schaden ihrer Bewohner). Sonst aber bildeten sich großräumige herrschaftliche Einheiten. Im Osten waren dies Vielvölkerreiche. Sie wurden von Kriegeraristokratien geschaffen, an deren Spitze in der Eroberungs- und Reichsgründungszeit starke Monarchen standen, die sich gleichzeitig als Heerführer wie als zivile Organisatoren bewähren mussten. Auf das früheste Reich dieses Typus, das Osmanische, das um 1500 in vollentwickelter Gestalt sichtbar wurde, folgten in den Jahrzehnten danach das Reich der Safawiden-Schahs im Iran und das Reich der Mogule in Nordindien. Auch das Moskowiter-Reich, die Keimzelle des späteren riesigen Kontinentalimperiums der Romanow-Zaren, und in vieler Hinsicht auch das von Wien aus regierte Reich der Habsburg-Dynastie gehören zu dieser politischen Form, die nicht nur auf islamischer Grundlage möglich war. All diese Reiche schufen relativ einheitliche Wirtschaftsräume und nahmen am Fernhandel über ihre Grenzen hinaus teil. Diese Grenzen waren selten eindeutig gezogen; an ihren Rändern betrieben die Imperien eine Diplomatie der Allianzen. Der Fernhandel lag meist in den Händen spezialisierter Minderheiten (zum Beispiel Griechen, Armenier und Parsen), die hoheitlichen Schutz genossen, sofern sie nicht der offiziellen Religion angehörten.

In Westeuropa konsolidierten sich zu derselben Zeit Staaten, die nicht aus Eroberungen von außen, sondern aus mittelalterlichen Monarchien hervorgegangen waren und deren religiöse und ethnische Homogenität sie von den Vielvölkerreichen unterschied. England, Frankreich und Spanien verkörperten diesen Typ des «Territorialstaates» am deutlichsten; im frühen

18. Jahrhundert rückte das Königreich Preußen in diese Klasse auf. Es war eine Besonderheit Europas, dass dort aus der großen Krise des 17. Jahrhunderts, die man den Dreißigjährigen Krieg nennt, eine neuartige Form der Integration entstand: das sich selbst Regeln setzende «System» unabhängig bleibender Staaten. Nicht ein Kriegsfürst erzwang den Frieden; er wurde durch Konsens geschaffen. Man darf jedoch nicht übersehen, wie wenig diese klug ausgedachte «Westfälische Ordnung» von 1648 den europäischen Kontinent *tatsächlich* befriedete. Da, wo die imperiale Universalmonarchie funktionierte – wie in China –, war sie ein besserer Garant des inneren Friedens.

2. Schießpulverimperien und maritime Räume

Die Ordnung des Westfälischen Friedens war niemals als mehr gedacht gewesen denn als eine Stabilisierung der Mitte Europas. Sie sollte keine Weltfriedensordnung sein und bezog noch nicht einmal die überseeischen Besitzungen der europäischen Staaten ein. Um 1650 hatten diese Besitzungen den Verflechtungszusammenhang auf der Erde bereits erheblich umgestaltet, und es war absehbar, dass die Konflikte, welche die Europäer untereinander an der «Peripherie» austrugen, auf längere Sicht nicht ohne Rückwirkung auf Europa bleiben würden. Die übliche Periodisierung, die um 1450/1500 einen tiefen Einschnitt, ja, den Beginn der «Neuzeit» sieht, ist für Europa neuerdings in Zweifel gezogen worden und trifft für große Teile der Erde, etwa Ostasien, nicht zu. In globalgeschichtlicher Sicht findet sie dennoch viel Bestätigung. Dies in fünffacher Hinsicht:

(1) Man misst der ersten Schiffspassage von Portugal über Südafrika nach Indien durch Vasco da Gama 1498 heute deswegen geringere Bedeutung zu als früher, weil man mehr über die älteren Wirtschaftskontakte im Indischen Ozean und zu Lande quer durch Eurasien weiß. Indien wurde keineswegs so plötzlich «entdeckt» wie Amerika, und die Europäer waren nicht die Ersten, die transozeanische Handelsrouten erschlossen. Dennoch bleibt richtig und bedeutsam, dass innerhalb weniger Jahre bewaffnete portugiesische Schiffe eine europäische Stütz-

punktpräsenz in der maritimen Landschaft von Mosambik bis Malakka errichteten, für die es kein Vorbild gab. Die Portugiesen bauten kein territoriales Kolonialreich auf und übten niemals Herrschaft über große asiatische Populationen aus, klinkten sich aber mit ihrer besonderen Art des militarisierten «Kronkapitalismus» in einheimische Handelsnetze ein und überzogen die Küsten Asiens mit einem Netz von Faktoreien, das ab 1557 als östlichen Außenposten sogar Macau an der südchinesischen Küste einschloss. Damit war Europäern das Tor zu Asien ein für alle Mal geöffnet.

(2) Eine zweite wichtige Entwicklung des 16. Jahrhunderts ist die bereits erwähnte Reichsbildung innerhalb der islamischen Ökumene, ein Vorgang, der in direktem Zusammenhang mit der frühen europäischen Expansion gesehen werden muss. Die ersten frühneuzeitlichen Überseereiche der Europäer und die binnenlandzentrierten Imperien Asiens entstanden etwa gleichzeitig im 16. Jahrhundert oder traten (wie das osmanische oder das der chinesischen Ming-Dynastie) damals in das Reifestadium ihrer Entwicklung ein. Die osmanische Expansion stieß gerade in dem Moment aggressiv gegen die Christenheit vor, als spanische Truppen des habsburgischen Kaisers Karl V. das Aztekenreich in Mexiko unterwarfen. In gewisser Hinsicht drängte die osmanische Übermacht um das Mittelmeer herum Europa nach Übersee. Sinnvoller, als von «europäischer Expansion» zu sprechen, ist es, eine Häufung von Expansionsprozessen in ganz Eurasien anzusetzen, die überwiegend zur Entstehung größerer politischer Einheiten führten. Gemeinsam war ihnen die schnelle Verbreitung der neuen Artillerietechnik. Feuerwaffen, ihre Hersteller und Bedienungsmannschaften wurden innerhalb weniger Jahrzehnte von Europa aus über politische und kulturelle Grenzen hinweg in nahezu alle Ecken Asiens exportiert.[10] Deutsche und ungarische Kanoniere halfen den Osmanen bei der Eroberung von Konstantinopel 1453, und Artillerie war bereits schlachtentscheidend, als 1526 der Mogul-Eroberer Baber das Heer des Sultans von Delhi besiegte. Auch bei der Eroberung Mexikos 1519–21 war die Ausrüstung der Spanier mit Musketen und Kanonen ein wichtiger Faktor. Die militärtechnologi-

sche Revolution darf nicht als die *einzige* Ursache dieser simultanen Expansionsvorgänge gesehen werden, aber sie war eine durch Diffusion von Europa aus *allgemein verbreitete* Ursache. *Alle* Imperien der 16. Jahrhunderts waren «gunpowder empires».[11]

(3) Während sich die Europäer in Asien in bestehende Handelsnetze hineinbegaben und zu Teilnehmern an Machtspielen wurden, die bereits vor ihnen gespielt worden waren, folgte ihre Ausdehnung in die westliche Hemisphäre einem ganz anderen Muster. Der übliche Sammelbegriff «europäische Expansion» verdeckt leicht diese Unterschiede. Die Zerstörung einheimischer politischer Strukturen, die unmittelbar nach der Entdeckung Amerikas 1492 begann, oder deren räumliche Abdrängung in die «Wildnis» führte dazu, dass man in Amerika kaum Kompromisse mit den Einheimischen schließen musste.[12] Die Politik dort war «weiße» Politik. Europäische Siedler brachten ihre Sitten und Institutionen, Sprachen und Glaubensüberzeugungen mit und gründeten neo-europäische Ablegergesellschaften. Die Voraussetzungen dafür wurden im 16. Jahrhundert geschaffen, im 17. erreichten diese Gesellschaften fast überall die Schwelle irreversibler Stabilisierung.

(4) Mit den ersten Europäern gelangten auch andere Formen des Lebens in die Neue Welt. Unwissentlich wurden Krankheitserreger eingeschleppt, gegen welche die Bewohner Amerikas keinen Immunschutz besaßen. Unter den vielen Gründen, die den Europäern die Unterwerfung des Kontinents erleichterten, dürfte keiner wichtiger gewesen sein als die verheerenden Pockenepidemien, die die Urbevölkerung dezimierten. Auch Pflanzen und Tiere überquerten den Atlantik in beide Richtungen. Sowohl in Europa als auch Amerika veränderten sich Flora und Fauna. Die Neue Welt wurde – wie im späten 18. Jahrhundert Australien – an einen seit Jahrtausenden bestehenden eurasisch-afrikanischen Raum der Verbreitung von Biota angeschlossen; die Alte Welt wiederum profitierte vom Artenreichtum Amerikas und der Domestikationsleistung seiner Bewohner. Eine Bilanz lässt sich nicht säuberlich aufstellen. Neue Nutzpflanzen – Mais und Kartoffel in Europa – verbesserten die Lebens-

grundlagen vieler Gesellschaften, während neue Schädlinge sie beeinträchtigten. Amerikanische Pflanzen erreichten bald auch Asien und Afrika: Ertragreichere Reissorten, die Erdnuss oder der Kakao gewannen eine außerordentliche wirtschaftliche Bedeutung. Einige Gesellschaften passten sich den neuen Chancen so weitgehend an, dass sie ihren Charakter grundlegend wandelten. Dies war etwa bei den Ureinwohnern der großen Ebenen westlich des Mississippi der Fall. Die Spanier hatten dort Pferde, die Franzosen Feuerwaffen bekannt gemacht. Erst durch das Pferd konnten es Menschen mit der Geschwindigkeit galoppierender Büffel aufnehmen. So entstand die eigentümliche Pferde-Bison-Kultur der Prärieindianer.[13]

(5) Eine weitere Innovation der Zeit um 1500, die weltweite Folgen zeitigte, war der Buchdruck. In China war die mechanische Reprodukton von Texten mittels des Holzplattendrucks bereits seit Jahrhunderten bekannt. Sie verlieh der literarischen Kultur der zugleich mit der Staatsverwaltung beauftragten Oberschicht ein besonders hohes Maß an Kohärenz. Die Erfindung des Drucks mit beweglichen Typen in der europäischen Zivilisation machte es möglich, dass Berichte über die neu entdeckten bzw. kolonisierten überseeischen Gebiete rasch und weit in Europa bekannt wurden und umgekehrt der schnell wachsende Informationsbestand der europäischen «Wissensgesellschaft» so weit verbreitet werden konnte, wie europäische Schiffe fuhren. Es war ein wichtiger Vorteil der Europäer, dass Gutenbergs Technologie es ihnen leichter machte als Handschriftkulturen, Kommunikationsräume von potentiell grenzenloser Erstreckung aufzubauen.

Die berühmte Frage «Wie neu ist die Neuzeit?» lässt sich mit Blick auf die Anfänge der Neuzeit globalisierungsgeschichtlich recht leicht beantworten. Die Entdeckung und koloniale Besiedlung Amerikas, das Vordringen europäischer Händler und Soldaten in den Indischen Ozean und den Pazifik, der «ökologische Imperialismus» sowie die «Revolutionen» in Militär- und Kommunikationstechnologie schufen die Voraussetzungen für die Erweiterung bestehender und die Schaffung neuer Interaktionsräume.

Ein ganz neuer Interaktionsraum war der Atlantik.[14] Er war die einzige maritime Sphäre, in der die Europäer nicht auf seefahrende Konkurrenten oder Gegner trafen – wie in den östlichen Meeren, in denen Araber, Chinesen, Malaien (und andere) erfahrene Seehändler und Piraten waren. Der Atlantik, nautisch von Anfang an gut zu bewältigen, war daher seit Kolumbus unangefochten ein europäisches Meer, in dem sich allein die Europäer untereinander bekriegten. Es gab keine Hafenstädte, zu denen man sich erst den Zugang hätte aushandeln müssen. Auch in den Binnenländern war der Widerstand gering. Selbst die komplexesten staatlichen Organisationen, die es dort gab, die Reiche der Azteken und Inka, brachen binnen kurzem vor der spanischen Attacke zusammen. Nirgendwo trafen die Europäer auf ebenbürtige Gegner, die ihren Ambitionen Schranken gesetzt hätten. Amerika war aus europäischer Sicht seit Anbeginn der Kontinent der «unbegrenzten Möglichkeiten», ein verfügbarer kolonialer Gestaltungsraum. Nur dort konnte daher eines der ehrgeizigsten sozialtechnischen Experimente der Frühen Neuzeit realisiert werden: die Sklavenplantage, die in den 1580er Jahren ihren Durchbruch und in den etwa 150 Jahren nach 1680 die Periode ihrer vollen Entfaltung erlebte.[15] An ihren wichtigsten Standorten – den Karibikinseln, Brasilien, dem Südosten Nordamerikas – wurde die Plantage zur dominierenden gesellschaftlichen Institution. Sie produzierte Zucker und Tabak für die Märkte eines allmählich kaufkräftiger werdenden Europa und war ihrerseits auf die stetige Zufuhr versklavter Afrikaner angewiesen.[16] Der Sklavenhandel schlug tiefe Wurzeln im Westen des afrikanischen Kontinents und wurde für einige Regionen zu einem wichtigen Wirtschaftsfaktor. Die Bereitstellung von Sklaven, die dann an britische, holländische, portugiesische oder französische Schiffskapitäne verkauft wurden, war ein Nebenzweck zahlreicher Kriege, die die frühneuzeitliche Geschichte des atlantischen Afrika bestimmten. Auch hier machte sich seit etwa 1600 die «Schießpulver-Revolution» bemerkbar.[17] Umgekehrt erkennt man in manchen der Sklavenrevolten in Amerika Erinnerungen an die Methoden afrikanischer Kriegführung.

Die transatlantische Sklavenmigration war ein Vernetzungsphänomen von neuartiger Größenordnung und Intensität. Es handelte sich um den stetigen und regelmäßigen Transport einer Massenware (etwa 10,7 Millionen von 12,5 Millionen verschleppten Afrikanern trafen zwischen 1501 und 1866 lebend jenseits des Atlantik ein).[18] Im Unterschied zum traditionellen Fernhandel per Schiff oder Karawane in Eurasien verband er keine *bestehenden* zivilisatorischen Zentren, sondern entstand selbst in engster Verbindung mit *neuen* Formen gesellschaftlicher und politischer Organisation. Unter verschiedenen treibenden Kräften und Interessen war die wichtigste der westeuropäische Handelskapitalismus – also geographisch eine «dritte» Größe. Der atlantische Sklavenhandel schuf Wirkungsketten, die angolanische Dörfer mit brasilianischen Zuckerplantagen und diese wiederum mit europäischen Teesalons verbanden. Er berührte sich mit benachbarten Marktsystemen, etwa dem «orientalischen» Sklavenhandel, der in den islamischen Mittleren Osten gerichtet war, und dem Handel mit Sklaven *innerhalb* der USA.

Weitere kommerzielle Verbindungen von großer Reichweite waren der Import von Gewürzen, feinen Stoffen und Tee aus Ost-, Südost- und Südasien nach Europa, den die großen Handelskompanien der Holländer und Engländer betrieben, und der Handel mit Pelzen, der die einheimischen Fallensteller in Kanada und Sibirien über zahlreiche Mittelsmänner mit ihren Endabnehmern in Europa oder China verband. Die erste wahrhaft erdumspannende Handelsvernetzung erfolgte über das in Spanisch-Amerika gewonnene Silber.[19] Es floss zunächst in spanische Kassen und von dort aus an alle, Europäer wie Orientalen, mit denen Spanien Geschäftsbeziehungen unterhielt. Ein zweiter Weg führte mittels der selten, aber einigermaßen regelmäßig verkehrenden Manila-Galleone von Mexiko und Peru zu den spanisch kolonisierten Philippinen. Von dort aus wurden Seideneinkäufe in China getätigt. Die Silberzuflüsse in die chinesische Wirtschaft waren vor allem im 18. Jahrhundert so umfangreich, dass sie eine lang anhaltende Monetarisierung, Kommerzialisierung und allgemeine Belebung im chinesischen Reich förderten.[20] Edelmetallströme waren die ersten «flows», die den Globus umzirkelten.

3. Löcher in den Netzen

Es ist eine Frage, die nicht eindeutig auf der Grundlage von Tatsachenkenntnissen, sondern nur durch abwägende Bewertung dieser Kenntnisse entschieden werden kann, ob für die Zeit bis etwa zur Mitte des 18. Jahrhunderts die vorausweisenden Momente wachsender Vernetzung oder eher die Löcher im Netz, gleichsam die Globalitätsdefizite, betont werden sollen. Wir weisen hier auf die Widersprüchlichkeit der Zeittendenzen hin.

Zum einen verstärkte sich die großräumige, dabei aber subglobale Integration in den herkömmlichen Formen von Großreichen, religiösen Ökumenen und lockeren Fernhandelsnetzen (in der neuzeitlichen Form von «trading empires») eher, als dass sie sich abschwächte. Die Welt wuchs nur sehr allmählich zusammen. Obwohl in mehreren Zivilisationen Städte aufblühten und sich auch kulturell zunehmend selbstbewusste und kreative Milieus von Großkaufleuten herausbildeten, wie sie Fernand Braudel lebendig geschildert hat,[21] blieb das Gewicht des grenz-überschreitenden Fernhandels gegenüber der lokal und regional erzeugten und verbrauchten Produktion gering. Nur wenige Flecken auf der Welt – die Niederlande an erster Stelle – verdankten ihren Reichtum solchem Fernhandel, und außerhalb der Sklavengesellschaften Amerikas waren Ökonomien sehr selten, die überwiegend für den Export produzierten. Wirtschaftskrisen pflanzten sich noch nicht von Land zu Land und von Kontinent zu Kontinent fort. Wirtschaftlich *nicht* vernetzt zu sein war noch kein gravierendes Problem, Autarkie für einigermaßen entwickelte Großräume, allen voran Japan und China, ein geradezu natürlicher Zustand. Wenn es ähnliche Entwicklungstendenzen in benachbarten Großräumen gab, dann waren sie weniger auf Diffusionen – die wichtigste Ausnahme ist die Ausbreitung von Feuerwaffen – und Kettenreaktionen als auf allgemein wirksame Rahmenbedingungen zurückzuführen wie klimatische Veränderungen (etwa die vermutete «Kleine

Eiszeit» zwischen etwa 1450 und 1850) oder demographische Grundtendenzen. Solche Rahmenbedingungen setzten sich gegen lokal wirksame Mechanismen durch und bedurften nicht des unmittelbaren Kontakts zwischen unterschiedlichen Gemeinwesen.

Die Welt war nach wie vor polyzentrisch. Westeuropa war zum Ausgangspunkt einer fundamentalen Umgestaltung der atlantischen Welt geworden. Doch es bleibt fraglich, ob die neu erschlossenen und ausgebeuteten kolonialen Peripherien am Westatlantik maßgeblich zur allmählich wachsenden Prosperität Europas beitrugen.[22] Plakativ gesagt: Großbritannien wurde nicht deshalb zum Land der Industriellen Revolution, weil es Zuckerinseln in der Karibik besaß und in Bengalen Steuern kassierte. Ökonomisch war Europa noch nicht der unbestrittene Gestalter des Planeten. Seine politischen Modelle exportierte es bestenfalls in die eigenen Kolonialgebiete. Dauerhaft wirkungsvoll war dies nur dort, wo Siedler, wie seit den 1760er Jahren in Teilen Britisch-Nordamerikas, im Namen alt-europäischer Prinzipien gegen europäische Kolonialregierungen rebellierten. Der einzige namhafte Herrscher, der vor 1800 sein Land zielstrebig und aus freien Stücken nach selektiv wahrgenommenen westeuropäischen Vorbildern zu reformieren versuchte, war Zar Peter der Große von Russland. Ansonsten blieb ein Demonstrationseffekt des «Westens» aus. Das Gleiche gilt auch umgekehrt. Auf dem Höhepunkt der Chinabegeisterung europäischer Intellektueller, das heißt in den Jahrzehnten um 1700, glaubten zwar einige, vom Reich der Mitte etwas über Friedenspolitik und rationale Staatsverwaltung lernen zu können, verwirklicht wurde aber von solchen Vorschlägen nichts. Im Alltagsleben der wohlhabenden Schichten Europas gewannen Exotica und Kolonialwaren eine immer größere Bedeutung. Sie trugen selbstverständlich kulturelle Bedeutungen, und man situierte sich auf bewusste Weise in der Welt, wenn man zum Kaffeetrinker wurde oder sich einen chinesischen Pavillon für den Schlosspark bauen ließ. Breitere Bevölkerungskreise wurden von solchem Fernkonsum aber erst dann berührt, als in der zweiten Hälfte des 18. Jahrhunderts Tee in England zu einem Volksgetränk aufstieg und der ihn süßende Zucker eine ebenfalls weiter steigende Nachfrage fand.

Die hochkulturellen Beziehungen waren ebenfalls während der Frühen Neuzeit noch deutlich schwächer entwickelt als im 19. Jahrhundert. Die europäische war die einzige Zivilisation, die Reisende in alle Welt schickte und ein gewaltiges Wissen über die Sprachen, Religionen, Sitten und Staatsverfassungen der Anderen zusammentrug. Das war eine bedeutende kulturelle Leistung und gab Europa später viel kolonial nutzbares Herrschaftswissen an die Hand. In entgegengesetzter Richtung blieb das Interesse an der jeweiligen Außenwelt vergleichsweise gering. Um 1750 wusste man in China oder selbst am Hofe des Sultans in Istanbul viel weniger über Europa als umgekehrt. Von kultureller Interaktion lässt sich nur sehr eingeschränkt sprechen. Der Kulturtransfer von Ost nach West blieb allein schon mangels asiatischer Besucher Europas unerheblich. Die christliche Mission beider Konfessionen hatte außerhalb Spanisch-Amerikas und der Philippinen nirgendwo einen nennenswerten Erfolg, auch wenn der Jesuitenorden sein heroisches Projekt der Glaubensverbreitung wahrhaft interkontinental anlegte. In der islamischen Welt war die Mission von Anfang an chancenlos, in Japan scheiterte sie schon zu Beginn des 17. Jahrhunderts dramatisch, in China misslang die Massenbekehrung. Erfolgreicher war der Islam. Er verbreitete sich seit dem 15. Jahrhundert in großen Teilen Südostasiens, entlang der afrikanischen Ostküste und in einem Gürtel südlich der Sahara. Das Mittel der Expansion war weniger die Großreichbildung «mit Feuer und Schwert» als der Fernhandel, denn immer wieder strahlte die Islamisierung von Küstenstützpunkten aus, in denen Araber Handel trieben. Gespräche zwischen Priestern und Gelehrten der verschiedenen Religionen, wie sie der Mogulkaiser Akbar in den 1570er Jahren an seinem Hof veranstaltete, wiederholten sich anderswo nicht.[23] Die verschiedenen Ökumenen wurden nicht auf höherer Ebene zusammengeführt. Intoleranz und religiöse Verfolgung waren verbreitet, nirgendwo mehr als in den christlichen Staaten.

Der wissenschaftliche Austausch zwischen den Zivilisationen

dürfte im Mittelalter, der großen Blütezeit islamischer Gelehrsamkeit, größer gewesen sein als in den späteren Jahrhunderten. In China interessierte man sich vorübergehend für europäische Astronomie, übernahm sie aber nicht mit all ihren Konsequenzen. Europäer lernten allenfalls in ihren Kolonien von Einheimischen das eine oder andere über Sprachen, Geographie und botanische Taxonomien.

Wann erkennt man die Anfänge eines globalen Bewusstseins? Ein solches Bewusstsein gilt heutigen Globalisierungstheoretikern als Indiz für den Anbruch eines neuen Zeitalters. Man muss allerdings differenzieren. Wenn die Fernsehübertragung einer europäischen Prinzenhochzeit in den entlegensten Ecken der Welt am Bildschirm verfolgt wird, dann ist dies sicherlich eine primitivere Form von globalem Bewusstsein, als wenn sich jemand ein schadstoffarmes Elektroauto kauft, um den Ozonmantel der Erde zu schützen. Ein globales Verantwortungsgefühl setzt reale Wirkungszusammenhänge voraus, die es in der Frühen Neuzeit noch nicht gab oder über die man nichts wusste.

Möglich wurde in dieser Epoche allerdings ein globales *Weltbild*. Es kam unter Intellektuellen in Europa auf und blieb einstweilen auf die okzidentale Zivilisation beschränkt, die sich als Erste mit der Vorstellung von der Kugelgestalt der Erde anfreundete. 1519–22 hatte die erste Weltumseglung unter Fernão de Magalhães (Magellan) diese Kugelgestalt bewiesen. Als Folge von Jahrhunderten des Reisens, der Kolonisation und des unermüdlichen Berichtens darüber waren um 1770 die Gelehrten und Gebildeten Europas über fast alle Teile der Welt – Ausnahmen waren Australien, Neuseeland, das Innere Afrikas und der Westen Nordamerikas – vorzüglich informiert. Die Kartographierung von Land und Meer machte schnelle Fortschritte. Es entstand eine empirische, also nicht länger bloß spekulative Weltgeschichtsschreibung. Dergleichen gab es zu dieser Zeit nur in Europa, wo man damals jedoch von der Höherwertigkeit der eigenen Zivilisation über alle anderen noch nicht so fest überzeugt war wie später. Das Völkerrecht (eine europäische Erfindung des 17. Jahrhunderts) regelte vorerst nur den Umgang unter den europäischen Machtstaaten, doch sah ein Denker wie

Immanuel Kant bereits die Notwendigkeit einer genuinen Weltfriedensordnung (*Zum ewigen Frieden. Ein philosophischer Entwurf*, 1795). Einige Ökonomen in Schottland, England und Frankreich begannen die Welt als einen zusammenhängenden Wirtschaftsraum zu begreifen. Erste Übersetzungen aus orientalischen Sprachen machten dem europäischen Publikum die Kulturen des Ostens zugänglich. Allein in Japan, das allerdings keine eigenen Reisenden in die Welt hinausschickte, zeigte man im 18. Jahrhundert ein dem europäischen entfernt vergleichbares Interesse an der Außenwelt.

IV. 1750–1880: Imperialismus, Industrialisierung und Freihandel

1. Frühe Weltpolitik und atlantische Revolutionen

Historiker sprechen für die zweite Hälfte des 18. Jahrhunderts oft von einer «Doppelrevolution», die zugleich den Eintritt in die «moderne Welt» bedeutet habe: der Industriellen Revolution, die seit etwa 1760 von England ausging, und der Französischen Revolution von 1789, mit der eine neue Epoche politischer Ordnung begann, zunächst in Europa, dann mit weltweiter Wirkung. Nun fällt auf, dass die politische Revolution diese weltweite Wirkung erst *langsam* entfaltete und dass die Industrielle Revolution mehr als ein Jahrhundert benötigte, um alle diejenigen Gebiete zu berühren, die heute leistungsfähige Industriegesellschaften sind – von Nachzüglern ganz zu schweigen. In globalisierungsgeschichtlicher Sicht ist ein anderer Ausgangspunkt möglich. Bereits im 8., im 13. und im 16. Jahrhundert hatten wir Schübe großräumiger Integration festgestellt. Um die Mitte des 18. Jahrhunderts ist ein weiterer solcher Schub zu registrieren. Er begann bereits *vor* der «Doppelrevolution» und speiste sich aus der Dynamik von Staatsbildung und vorindustriellem Kolonialismus.

Während der Frühen Neuzeit erlangten die Europäer die

Kontrolle über die Weltmeere. Keine einzige europäische Macht konnte zu dieser Zeit die anderen dominieren. Portugiesen, Spanier, Holländer, Engländer und Franzosen und das kosmopolitische Piratentum insgesamt waren jeder anderen Seemacht bei weitem überlegen. Die europäische Seeherrschaft erstreckte sich auf alle Zweige der Hochseeschifffahrt: Entdeckungsreisen, Handelsverkehr und Kriegsmarine. Von Anfang an – schon bei den mittelmeerischen Seerepubliken Venedig und Genua – war die Verbindung zwischen militärischer und kommerzieller Seefahrt enger als bei allen anderen Zivilisationen der Geschichte. Spanische Silberschiffe überquerten den Atlantik unter dem Geleitschutz von Kriegsschiffen. Portugiesen und Holländer konnten in Asien überhaupt nur dank ihrer Schiffsartillerie Fuß fassen und ihre Stellung behaupten. Die Marine wurde in einem ganz neuen Ausmaß zum Werkzeug des frühmodernen Staates, der Seekrieg zwischen europäischen Mächten seit der Vernichtung der spanischen Armada 1588 zu einem der Landkriegführung ebenbürtigen Mittel der Konfliktaustragung. Ein großer Teil des Einfallsreichtums von Europäern wanderte in die Perfektionierung von Schiffs- und Navigationstechnik und in die Organisation solch komplexer Gebilde wie der holländischen Verenigde Oostindische Compagnie und auf englischer Seite der East India Company und der Royal Navy. Erst die europäische Seeüberlegenheit schuf die Voraussetzungen für den dynamischsten Sektor der Wirtschaft des 18. Jahrhunderts, die karibisch-amerikanische Plantagenökonomie. Schiffbau und Schifffahrt waren daneben ein bedeutender Wirtschaftsfaktor eigenen Rechts.

War der militärische Zweig der Schifffahrt zunächst dem kommerziellen untergeordnet gewesen, so emanzipierte er sich um die Mitte des 18. Jahrhunderts und wurde zum Instrument einer Politik von bis dato unbekannter Reichweite, einer ersten Form von Weltpolitik.[1] Spannungen zwischen den europäischen Staaten hatten sich zuvor schon verschiedentlich in kleineren kolonialen Zusammenstößen entladen. Neu war nun, dass die stärksten Kontrahenten den gesamten Globus als Schauplatz ihrer Rivalität betrachteten und dass sie große Infanterieverbände nach Übersee verschifften. Großbritannien war in Theorie und Praxis der Pionier dieses neuen Strategieverständnisses. Während des Siebenjährigen Krieges (1756–63), dessen Anlass und Schwerpunkt in Mitteleuropa lag, vertrieb britisches Militär die Franzosen aus Kanada, lieferte sich Schlachten mit ihnen und ihren einheimischen Verbündeten in Indien und unternahm Überfälle auf Manila und Havanna, zwei der reichsten Städte im spanischen Kolonialreich.[2] Zwar blieb der größte Teil der britischen Flotte damals wie später in den Heimatgewässern stationiert und schützte die Britischen Inseln vor einer feindlichen Invasion, doch genügten in Übersee relativ kleine Machtvorsprünge, um große Wirkungen zu erzielen. Derselbe Effekt wiederholte sich in der noch umfassenderen Auseinandersetzung zwischen Großbritannien und dem revolutionären und napoleonischen Frankreich während der Jahre 1793 bis 1815. Am Ende dieses zweiten wirklichen Weltkriegs befanden sich viele der strategisch günstigsten Küstenplätze in britischer Hand, darunter Gibraltar, Malta, das Kap der Guten Hoffnung und das spätere Singapur. Während der Kriegsjahre schlossen die Briten die militärische Eroberung Indiens ab und suchten erstmals den diplomatischen Kontakt zu China. Kurz zuvor (1788) war Australien zum Ziel des ersten britischen Sträflingstransports und damit zu einer weiteren Kolonie des Vereinigten Königreichs geworden.

Die Stärkung der Kapazitäten zur Seekriegführung war eines der Ergebnisse einer rationaleren Organisation der Steuer- und Schuldenpolitik des britischen Staates, der als «fiscal-military state» im Inland ein höheres Maß an finanziellen Ressourcen zu mobilisieren vermochte als die «absoluten» Monarchien des eurasischen Kontinents. Zumindest Frankreich und (mit geringerer Konsequenz) Russland eiferten bald dem britischen Vorbild nach, während die asiatischen Reiche zu dieser Zeit, also bereits *vor* der Industriellen Revolution, gegenüber Europa ins militärische Hintertreffen gerieten.

Die Verdichtung von Macht im atlantischen Raum war eine der wichtigsten Ursachen für die große Krise der westlichen Hemisphäre.[3] Sowohl der britische als auch der spanische Staat, der im Namen der Aufklärung einer Modernisierung unterzogen wurde, versuchten in den 1760er Jahren, den kontrollierenden Zugriff auf ihre amerikanischen Kolonien zu festigen. Dreizehn britische Kolonien erklärten daraufhin 1776 ihre Unabhängigkeit und erkämpften sie sich in einem Krieg, der 1783 mit der Niederlage der Metropole endete. In Spanisch-Amerika waren die Sezessionsbestrebungen der kreolischen Elite vorerst schwächer entwickelt, kamen aber zum Durchbruch, nachdem 1808 die spanische Monarchie infolge der Invasion Napoleons zusammengebrochen war. 1825 war das spanische Kolonialreich auf dem amerikanischen Kontinent verschwunden. Eine dritte Unabhängigkeitsrevolution hatte bereits 1791 begonnen, als die Freiheitsparolen der Französischen Revolution Resonanz bei den farbigen Pflanzern (gens de couleur) und schwarzen Sklaven in Saint-Domingue fanden, dem wichtigsten Zuckerproduzenten der Welt. Nach Bürgerkrieg und französischen und britischen Interventionen erlangte das Land 1804 unter dem Namen Haiti seine Selbständigkeit als erste von Nicht-Weißen gegründete Republik der Geschichte.

Die atlantische Krise der Jahre etwa zwischen 1765 und 1825 mit ihrem fortwährenden Pingpong kreuz und quer über den Atlantik hinweg war selbst ein Resultat dichter Vernetzung in diesem maritimen Großraum. Ihre langfristigen Folgen waren paradox. Auf der einen Seite zerrissen die Siedler- und Sklavenrevolten manche der bestehenden Bande und wirkten daher desintegrierend und de-globalisierend. Mit dem Kollaps seiner Zuckerexportwirtschaft schied das sklavenfreie Haiti (bis heute) aus der Weltwirtschaft aus. Die politische Elite der USA richtete ihren Blick vom Atlantik weg nach Westen und begann das große Abenteuer der Erschließung des eigenen Kontinents. Die neuen Republiken Süd- und Mittelamerikas wollten mit Spanien so wenig wie möglich zu schaffen haben. Auf der anderen Seite knüpften sie neue wirtschaftliche Beziehungen mit der aufstrebenden Globalisierungsvormacht Großbritannien, und auch die ökonomischen, gesellschaftlichen und kulturellen Beziehungen zwischen den USA und den Britischen Inseln überstanden den politischen Schnitt und entwickelten sich mit der Zeit zu jener «special relationship», von der manche Briten glauben, dass sie bis zum heutigen Tage fortbesteht.

Eine Besonderheit der USA war, dass sie trotz einer das ganze 19. Jahrhundert durchziehenden Abneigung, sich mehr als minimal nötig in internationale Kontakte verwickeln zu lassen, von Anfang an den universalen Anspruch erhoben, ein Modell für den Rest der Welt zu sein: ein ideologischer Vorgriff auf das 20. und 21. Jahrhundert. Sie taten dies mit größerer moralischer Überzeugungskraft als das revolutionäre Frankreich, das rasch in Diktatur und Monarchie zurückfiel. Napoleons kurzlebiges Kriegsreich, um 1810 auf seinem Höhepunkt angelangt, einte Europa für einen kurzen Moment, hinterließ allerdings nur dort dauerhafte Spuren, wo es, wie in den Rheinbund-Staaten und in Preußen, den direkten oder indirekten Anstoß zu rechtlichen und politischen Reformen gab. Wenn Napoleon Bonaparte globalisierende Wirkungsketten auslöste, dann durch seine Invasion des zum Osmanischen Reich gehörenden Ägypten im Jahre 1798, die der gesamten islamischen Welt einen Schock versetzte, sowie dadurch, dass er den britischen Imperialismus zu gesteigerter Expansion in Asien anregte.[4]

2. Fernwirkungen der Industriellen Revolution

Welche Veränderungen brachte die Verbreitung der industriellen Produktionsweise für die weiträumigen Wirtschaftsbeziehungen mit sich? Es gibt erstaunlich viele Definitionen der Industriellen Revolution, eine mindestens ebenso große Zahl von Versuchen, sie zu erklären, und eine verzweigte Debatte darüber, ob der sozio-ökonomische und ökologische Wandel, der mit diesem Begriff bezeichnet wird, überhaupt abrupt und tiefgreifend genug war, um die Rede von einer «Revolution» zu rechtfertigen.[5] Die Industrielle Revolution bedeutete keine plötzliche Zustandsveränderung des interkontinentalen Wirtschaftsverkehrs. Sie begann in einem einzigen kleinen Wirtschaftsraum und verbreitete sich von dort aus allmählich und lückenhaft über die Welt. Globalisierungshistorisch sind folgende Punkte von besonderem Interesse:

(1) Die Industrielle Revolution fand in Großbritannien statt, einem Land, das bereits über ungewöhnlich gut ausgebaute Außenhandelsbeziehungen und koloniale Verbindungen verfügte. (Dies allein war allerdings noch keine notwendige *und* hinreichende Voraussetzung, denn sonst hätte der Durchbruch in den Niederlanden erfolgen müssen.) Innovationen in der Geschichte – siehe die im vorigen Kapitel erwähnte Entstehung des Islam – sind oft von Peripherien ausgegangen. Die Industrielle Revolution hingegen fand in einem bereits funktionstüchtigen Zentrum wirtschaftlicher Entwicklung statt.

(2) Dass die Industrielle Revolution nicht in einem *geschlossenen* Wirtschaftssystem zum Durchbruch kam, zeigt sich bereits an ihrem Leitsektor, der mittelenglischen Baumwollindustrie. Insofern es dieser darum ging, der quantitativ wie qualitativ leistungsfähigen *indischen* Produktion von Stoffen für den britischen Markt Konkurrenz zu machen, war sie ein Nebeneffekt bestehender Weltkontakte. Sie selbst war von Anfang an weltmarktorientiert: Ihr Rohstoff, die Baumwolle, musste vollständig aus dem Ausland importiert werden; und schon in den 1830er Jahren machten Textilien mehr als 70% der britischen Exporte aus.[6]

(3) Nachdem es nur eine einzige Industrielle *Revolution* gegeben hatte, folgten zahlreiche Industrialisierungsprozesse in nationalem, regionalem oder grenzüberschreitendem Rahmen. Solche Industrialisierungen dauern bis zum heutigen Tage an (vor allem in Asien), also bis zu einem Zeitpunkt, an dem manche Ökonomien bereits in ein post-industrielles Stadium eingetreten sind, andere *ohne* Industrie, also etwa durch agrarische Exportspezialisierung (Dänemark, Neuseeland) oder Erdölgewinnung, zu Wohlstand gelangen konnten und eine dritte, sehr umfangreiche Gruppe von Ländern nicht erwarten darf, in absehbarer Zeit eine weltmarktfähige Industrie aufzubauen. Industrialisierung ist also kein «flächendeckend» globaler Prozess in Analogie zur Verbreitung des Fernsehens oder westlicher Konsumpräferenzen. Aber sie war und ist ein Motor für Vernetzungen in *anderen* Bereichen.

(4) Die Diffusion der industriellen Produktionsweise geschah

nicht in der Form bloßer Nachahmung des britischen Modells. Man muss sie sich vielmehr als einen «komplexen Prozess kreativer Anpassung» vorstellen.[7] Schon der zweiten Generation der Industrialisierer – Belgien, der Schweiz, Frankreich, den USA und Deutschland – fehlten wichtige Voraussetzungen der britischen Entwicklung, z. B. eine voraufgegangene «agricultural revolution», die ein eigenständiges Kleinbauerntum beseitigt hatte. Man war daher gezwungen, nach eigenen Lösungen zu suchen. Japan, das neben Russland zur dritten, um 1880 «startenden» Industrialisierungsgeneration gehörte, hatte bereits während des 17. und 18. Jahrhunderts in völliger Unabhängigkeit vom Westen entwicklungsgünstige Institutionen ausgeprägt.

(5) Die industrielle Produktionsweise mitsamt ihren gesellschaftlichen Begleiterscheinungen setzte sich nur langsam durch. Großbritannien wurde erst nach etwa 1820 als erstes Land in nahezu allen Lebensbereichen von der Industrie geprägt; seine Politik wurde freilich weiterhin weniger von bürgerlichen Fabrikanten als von landwirtschaftlich und finanziell engagierten Aristokraten bestimmt. Fast überall in Europa bildeten regional begrenzte Industriegebiete Inseln der Dynamik inmitten bäuerlicher Umwelten. In Asien außerhalb Japans gab es 1900 zwar da und dort einzelne Fabriken, aber nirgendwo ein zusammenhängendes industrielles System. Gleiches gilt für Afrika, das damals nur dank der südafrikanischen Gold- und Diamantenförderung weltwirtschaftlich überhaupt ins Gewicht fiel.

Globalisierungsrelevant war nicht nur, dass in Fabriken mittels Dampfkraft und maschineller Technik Konsumgüter, also etwa Baumwolltextilien, in wachsenden Mengen und zu sinkenden Preisen hergestellt wurden. Mindestens ebenso bedeutsam war die neue Massenproduktion komplizierter mechanischer Gerätschaften. Die wichtigsten davon waren Gewehre und Geschütze von neuartiger Treffsicherheit und Zerstörungskraft, Dampfschiffe und Eisenbahnen. Die Industrialisierung des Krieges und des Verkehrs machte sich in den mittleren Jahrzehnten des 19. Jahrhunderts weit von den Zentren industrieller Produktion entfernt bemerkbar. Während die Industrie selbst nur dort

Fuß fasste, wo eine Vielzahl naturräumlicher, technologischer, politischer und gesellschaftlicher Voraussetzungen zusammenkamen, verbreiteten sich einige ihrer Produkte von Europa und Nordamerika aus über den gesamten Planeten. Dies war möglich, weil (1) leistungsfähige Handelsnetze in und zwischen vielen Volkswirtschaften bereits existierten, die bei einer allgemeinen Expansion des Welthandels nun weiter ausgebaut und intensiver genutzt werden konnten, (2) der Einsatz von Dampfschiffen langfristig die Transportkosten für Massengüter und Erzeugnisse der Schwerindustrie im Fernverkehr drastisch senkte, (3) in vielen städtischen Zentren der Welt allmählich eine Nachfrage nach den Prestigegütern der westlichen Zivilisation aufkam.

In Europa hergestellte Feuerwaffen hatten bereits vor der Industriellen Revolution sogar das Innere Afrikas und Nordamerikas erreicht. Die Industrialisierung der Rüstungsproduktion hatte widersprüchliche Auswirkungen. Auf der einen Seite erhöhte sie den quantitativen Ausstoß und machte vor allem leichte Waffen noch einfacher verfügbar. Andererseits wurden die Spitzenprodukte der Rüstungsindustrie wie schwere Artillerie und die allmählich aufkommenden eisernen Kriegsschiffe immer unerschwinglicher. Die vordem «demokratische» Welt der Muskete zerfiel nun in diejenigen, deren Regierungen sich die jeweils modernsten Waffen von Krupp oder Vickers leisten konnten (die «Großmächte»), und diejenigen, bei denen dies nicht der Fall war. Auch auf niedrigerer Ebene vergrößerte sich der Abstand von Technik und Macht. Ein einfach gebautes Gewehr konnte noch von einem afrikanischen oder indischen Dorfschmied repariert werden, das 1884 erfundene und sogleich in Kolonialkriegen eingesetzte Maschinengewehr (*Maxim gun*) hingegen gelangte so gut wie nie in die Hände von «Eingeborenen» und verschaffte seinen imperialistischen Benutzern einen konkurrenzlosen Vorteil. (Erst die weltweite Verbreitung der am Ende des Ersten Weltkriegs erfundenen Maschinenpistole leitete eine Re-Demokratisierung der Gewalt ein.)

Noch wichtiger war die Industrialisierung des Verkehrs, also die Anwendung von Dampfkraft auf die Mechanik der Fortbewegung.[8] Für die Dampfschifffahrt, die sich zunächst in Binnen- und Küstengewässern bewährt hatte, brachten die 1830er Jahre einen Durchbruch: Ein regelmäßiger Dampferverkehr über den Atlantik wurde aufgenommen, und die ersten Dampfschiffe tauchten in nicht-westlichen Ländern auf, so 1835 eines auf dem Euphrat. Schon 1850 fuhr erstmals ein Dampfschiff von Shanghai nach London. Zwischen etwa 1860 und 1880 endete das Zeitalter der Segelschiffe; die Eröffnung des vorwiegend für Dampfer geeigneten Suezkanals, der die Reisedistanz zwischen London und Bombay halbierte, im Jahre 1869 mag als symbolische Markierung dienen. Am Ende dieser Periode waren die großen Frachtverbindungen installiert: Während im 18. Jahrhundert Zucker das wichtigste Gut im überseeischen Handel gewesen war, wurden nun ungeheure Mengen an Weizen, Reis, Baumwolle und Kohle über die Meere verschifft, jahrzehntelang vorwiegend in Fahrzeugen aus britischen Werften.

Auch die Eisenbahn hatte in ihrer Anfangszeit regionalen Bedürfnissen gedient. Interessant sind nicht die Daten der jeweils ersten funktionstüchtigen Lokomotiven in einem Land, sondern die Zeitschwellen, jenseits derer die Eisenbahn als maßgebendes Element des gesellschaftlichen Lebens verstanden wurde. In diesem Sinne brach auf dem europäischen Kontinent anfangs der 1840er Jahre das Eisenbahnzeitalter an. Bis zur Jahrhundertwende waren nur wenige außereuropäische Länder von der Eisenbahn geprägt, vor allem Indien, Argentinien und Japan. China, Südafrika und die Türkei befanden sich auf dem Höhepunkt eines international finanzierten Bahnbaus. Selbst wenn die Bahnen – wie in Indien – ebenso sehr unter militärischen wie unter wirtschaftlichen Gesichtspunkten angelegt worden waren, verstärkten sie überall die Anbindung der durch sie erschlossenen Regionen an den internationalen Handel. Die anspruchsvollsten technischen Großprojekte wie die 1867 fertiggestellte Durchgangsverbindung zwischen der Ost- und der Westküste der USA erweiterten den Wirkungsradius städtischer Zentren in unwegsamste Gebiete hinein. Als 1873 Jules Vernes Roman *Reise um die Erde in 80 Tagen* erschien, bezog er seinen Reiz aus der unerhörten Neuerung, dass man auch riesige Kontinentalräume schnell zu durchmessen vermochte. Nur Exzentriker unternahmen solche Abenteuer, doch hatte der Tourist den Reisenden bereits abgelöst. Organisierte Gruppenexkursionen ins Osmanische Reich und nach Nordafrika waren nichts Besonderes mehr, und sogar in Japan, bis 1853 nahezu hermetisch von der Außenwelt abgeschlossen, gab es seit 1860 Hotels für Ausländer.

Unter allen Technologien der Epoche erzeugte die Telegraphie die dramatischsten Globalisierungseffekte. Kabel lassen sich leichter verlegen als Eisenbahntrassen. Die Geschichte der Telegraphie begann 1839 mit Samuel Morses erstem Patent. Schon 1866 wurde ein auch wirklich funktionierendes Transatlantikkabel in Betrieb genommen, und um 1880 ließ sich von London aus ein Telegramm an jeden einigermaßen bedeutsamen Ort im British Empire schicken, mithin auf alle Kontinente. Durch die Telegraphie erhöhte sich die Übermittlungsgeschwindigkeit von Nachrichten zwischen Europa und den USA um den Faktor 10000. Zugleich löste sich die Geschwindigkeit der Informationsübertragung von derjenigen des Warentransports, was das Geschehen auf den Finanz- und Warenmärkten außerordentlich beschleunigte. Auch Diplomaten und Kolonialagenten wurden nun unter strengere Weisungsbindung gestellt.[9] Gleichzeitig nahm aber auch das Volumen des Postverkehrs dramatisch zu. Brieftransport per Bahn, ein drastischer Rückgang des Portos in einigen, der beginnende Aufbau eines modernen Postwesens in anderen Ländern sowie die Erleichterung der grenzüberschreitenden Kommunikation durch internationale Vereinbarungen waren die Ursachen dieser Entwicklung.[10]

3. Imperien und Nationalstaaten

Die großen politischen Entwürfe der Jahrhundertmitte, der Liberalismus mitsamt seiner Freihandelslehre und der Marxismus, waren Globalisierungsutopien, in denen der Nationalstaat als politischer Raum nur eine untergeordnete Rolle einnahm. Radikale Freihändler wie Richard Cobden erhofften sich von der Beseitigung aller Handelsschranken auf der Welt Prosperität und Frieden für die gesamte Menschheit. Dahinter stand die Vision konfliktfreier weltumspannender Interaktion, die möglich werden würde, wenn sich Staaten und Regierungen des Eingriffs in freiwillige Vereinbarungen zwischen Individuen enthielten. Auch Karl Marx sah Staat und Politik als zweitrangig an. Sie waren für ihn bloße Oberflächenphänomene; die wirklichen die Geschichte bewegenden Kräfte waren in seiner Sicht der zunehmend globale Kapitalismus mit seinen inneren Widersprüchen und die Vereinigung der Proletarier *aller* Länder zur Weltrevolution.

Ein Teil des freihändlerischen Programms wurde realisiert, als Großbritannien 1846 unilateral seine wichtigsten Zölle abschaffte. Andere Staaten zogen nach, und um 1870 war ganz Europa westlich des Zarenreiches zu einer Freihandelszone geworden. Außerhalb Europas bedurfte die Umsetzung der antipolitischen Utopie des weltweiten Freihandels allerdings in der Regel politisch-militärischer Intervention. Großbritannien, die mit großem Abstand bedeutendste Kolonialmacht, führte in seinen Kolonien den Freihandel ein; bis in die 1930er Jahre legte es den Geschäften Dritter in seinem Imperium keine unüberwindlichen Hindernisse in den Weg.[11] Etwas anderes war es, außereuropäische Großreiche und Staaten mit eigenen Ordnungstraditionen zum Anschluss an den «freien» Welthandel zu bewegen. Dies geschah in den Fällen des Osmanischen Reiches, Chinas, Japans und Siams (Thailand) gegen anfängliches Widerstreben mit Druck oder militärischem Zwang (Opiumkrieg gegen China 1839–42). «Ungleiche Verträge» öffneten bisher geschützte Märkte für die Produkte der europäischen Industrie. Hinter solchem Freihandelsimperialismus stand ein Programm, das über die Inkorporation in die Weltwirtschaft hinausging:[12] Traditionale Monarchien in Asien sollten lernen, «zivilisierte» internationale Umgangsformen zu beachten, und so zu nützlichen, wenngleich fürs Erste nicht gleichberechtigten Mitgliedern der «Familie der Völker» werden. In anderen als muslimischen Gesellschaften gehörte dazu auch die Betätigungsfreiheit für christliche Missionare. Wenn möglich, sollten diese manchmal als «barbarisch» bezeichneten

Länder ihre inneren Institutionen dem Vorbild des Westens annähern.

Dort, wo Europa und die USA im Sinne einer solchen «Zivilisierungsmission» ihre Institutionen *unmittelbar* zu exportieren versuchten, hatten sie in dieser Epoche wenig Erfolg. Dies galt für Kolonien ebenso wie für untergeordnete, aber selbständige Länder. Die Grundtatsache, dass liberale, um nicht zu sagen demokratische Kolonialmächte wie Großbritannien und Frankreich in ihren Kolonien strikt autoritäre Systeme errichteten, verhinderte einen nachhaltigen Institutionentransfer. Er kam allein dort zustande, wo einheimische Eliten planmäßig Elemente des europäischen Gesellschaftsmodells übernahmen. Ausnahmslos war eine solche *Selbst*reform auch der Weg zu politischer Eigenständigkeit. In den «weißen Siedlungskolonien» (Dominions) des British Empire (Kanada, Australien, Neuseeland) dachte niemand an eine Sezession vom Mutterland nach Art der Neuengland-Rebellion von 1776. Aber man fügte sich auch nicht kolonialem Diktat: Am Ende des 19. Jahrhunderts waren die Dominions Kanada und Australien unabhängig genug, um selbst innerhalb des Imperiums Schutzzölle einzuführen. Zugleich entwickelten sie die eigenen politischen Ordnungen so weit, dass sie demokratischer, egalitärer und überhaupt «moderner» waren als die der Metropole. Wirtschaftlich und politisch zählen die Dominions also zu den «success stories» des 19. Jahrhunderts. Wie in allen Siedlergesellschaften (zu denen auch die USA zu rechnen sind) kamen die Ureinwohner allerdings nicht in den Genuss dieser Erfolge und waren sogar wesentlich schlechter gestellt als in reinen Herrschaftskolonien.

Der zweite außereuropäische Modernisierungspionier war Japan. Erst 1853/54 durch eine Flottenaktion der USA zur Außenwelt geöffnet, begab sich das Land nach der «Meiji-Restauration» von 1868 auf den Weg einer konsequenten Selbstreform, bei der in großem Stil aus dem Westen übernommene Gestaltungselemente mit authentischen oder geschickt erfundenen einheimischen Traditionen verschmolzen wurden. Japan wurde zwar nicht zu einer genuinen Demokratie (danach musste man auch in Europa lange suchen), aber doch in den 1880er

Jahren zum ersten Verfassungsstaat Asiens. Zentrale Einrichtungen des Zusammenlebens wie die Familie blieben japanisch, formalere Institutionen wie Militär, Polizei, Staatsverwaltung oder Universität wurden nach sorgsam ausgewählten westlichen Vorbildern umgestaltet oder überhaupt erst neu eingeführt, dabei selten gegenüber den fremden Mustern gänzlich unverändert gelassen. Bereits um die Jahrhundertwende sah man Japan anerkennend je nach Blickrichtung als «Britain of the East» oder «das Preußen Asiens».

Eine solche kollektive Selbstverwandlung einer ganzen Zivilisation kann es nur dann geben, wenn von außen ein kolossaler Anpassungsdruck an sie herangetragen wird, der aber nicht bloß als Imitationszwang daherkommt, sondern Spielräume selbsttätiger Aneignung lässt. Ein solcher Anpassungsdruck wurde im 19. Jahrhundert weltweit wirksam. Damit stoßen wir zum Kern der Globalisierungsprozesse in diesem Zeitalter vor. Hatte sich einmal ein einziges Land – das Vereinigte Königreich – als ökonomisch dynamischste Kraft mit dem höchsten Wohlstand pro Kopf der Bevölkerung und attraktiven freiheitlichen Institutionen etabliert, dann wurde jede andere Gesellschaft im Verhältnis zu ihm zu einer Nachzüglerin und potentiellen Nachahmerin. Dies wurde insofern vollends unausweichlich, als Großbritannien eine weltweite Seeherrschaft und Interventionsfähigkeit sowie die lukrativsten Kolonien besaß und seine politisch-literarische Klasse zudem über das unerschütterliche, durch Religion und Wissenschaft gleichermaßen untermauerte Selbstbewusstsein verfügte, die fortschrittlichste und mustergültigste Zivilisation der Welt zu sein – Modell und geborene Ordnungsmacht gleichermaßen. Dass daneben weiterhin von Frankreich mit seinem kulturellen Glanz und einer Hauptstadt, die sich zum Inbegriff raffinierter Lebensart entwickelte, eine weit ausstrahlende Faszination ausging (besonders in Osteuropa und im Süden des Mittelmeeres), verstärkte die Westeuropa-Orientierung der übrigen Welt. Die USA, durch Sklaverei und schließlich Bürgerkrieg bis 1865 in ihrer Anziehungskraft beeinträchtigt und überhaupt stark nach innen gekehrt, erlangten solchen Idolstatus erst im 20. Jahrhundert.

Jedenfalls konnte es sich spätestens seit den 1860er Jahren keine herrschende Gruppierung mehr leisten, vor der Macht, dem Erfolg und dem Zivilisierungswillen Großbritanniens die Augen zu verschließen. Daher gab es von Lateinamerika über das Osmanische Reich, Ägypten und Siam bis hin zu dem bemerkenswert weltoffenen Madagaskar überall Reformbewegungen, die für sich selbst und ihre Länder nur dann eine Zukunft in einer britisch-westeuropäisch dominierten Welt sahen, wenn sie dem Westen wenigstens einen Schritt weit entgegenkamen. Diese adaptive Globalisierung, die keineswegs von Europa aus erzwungen wurde, bewegte sich in einer ähnlichen Ambivalenz zwischen Anpassung und Abwehr, Bewunderung und Abscheu, wie sie heute das Verhältnis der übrigen Welt zu den USA kennzeichnet. Erstmals in der Geschichte entstand eine Tendenz zu kultureller Unipolarität – weniger zu machtpolitischer, denn Großbritannien war selbst um 1870 militärisch relativ schwächer, als die USA es im beginnenden 21. Jahrhundert sind. Unter allen bekannten und denkbaren Entwicklungspfaden schien der westlich-britische der erfolgversprechendste zu sein. Die Spannung von Anpassung und Abwehr wurde, auch in Europa, zu einer wichtigen Triebkraft der Nationalstaatsbildung. Nur ein homogener, rational durchorganisierter und wehrhafter Nationalstaat, so schien es, werde den neuen Zeitkräften gerecht. Dass die meisten der versuchten Anpassungen stecken blieben oder gar nicht erst in Gang kamen, tut wenig zur Sache. Globalisierungsgeschichtlich bedeutsam ist der neue Blick, der von außen auf einen britisch geprägten Westen geworfen wurde. Erstmals stand hinter ihm eine Art von Universalgeschichte des Fortschritts. Zu ihm schien es keine grundsätzliche Alternative mehr zu geben.

Dennoch darf der real erreichte Grad an kultureller Universalisierung nicht überschätzt werden. Es ist sehr schwierig, hier eine eindeutige Bilanz zu ziehen. Nationalismus und Nationalstaatsbildung ließen in Europa die Weltbürgerlichkeit der Aufklärung als antiquiert erscheinen. Die Wissenschaft wurde stärker als zuvor in nationalen Universitätssystemen organisiert. Von «Weltliteratur» redeten nach Goethes Tod 1832 nur noch wenige, «Weltgeschichte» trat hinter den verschiedenen Nationalgeschichten zurück. Dafür gab es seit 1851 «Weltausstellungen» – sie fanden ausnahmslos in Europa und den USA statt –, in denen die materiellen Errungenschaften der «entwickelten» und der von ihnen angeleiteten «primitiven» (wie es nun hieß) Völker präsentiert wurden. Ebenfalls 1851 gründete Julius Reuter in London die erste Nachrichtenagentur und baute innerhalb eines Jahrzehnts ein Korrespondentennetz auf, das keinen Kontinent ausließ.[13] Die Verkabelung des Planeten machte es möglich, dass die Leser der nunmehr in immer höheren Auflagen erscheinenden Tagespresse mit aktuellen Nachrichten aus aller Welt versorgt wurden. Seit etwa 1870 machten sich auch in Ländern wie Japan, China und Ägypten Anfänge eines modernen Zeitungswesens bemerkbar – der Beginn eines globalen Trends der Medienentwicklung. Gewisse Erscheinungsformen westlicher Hochkultur fanden eine annähernd weltweite Verbreitung, wenngleich die Aufführung von Belcanto-Opern in Manaus, Istanbul oder Shanghai mit der industriellen Produktion billiger Tonträger im 20. Jahrhundert nicht konkurrieren konnte.

Auch in einer Epoche weltweiter europäischer Dominanz wurde das Christentum nicht zur vorherrschenden Religion. Die außerordentlichen Anstrengungen Tausender von Missionaren beider Konfessionen und vieler unterschiedlicher Sekten und Orden (nicht wenige dieser Bemühungen waren der kolonialen Eroberung voraufgegangen) hatten in Asien nirgendwo den erhofften Erfolg. Christen blieben kleine Minderheiten und gelangten vor allem politisch nirgends zu Einfluss. Der Islam missionierte mindestens ebenso erfolgreich. Auch die Landkarte der Weltsprachen verschob sich wenig. In Südamerika blieb man auch nach der Kolonialzeit bei Spanisch und Portugiesisch, das ungefähr nach 1830 seine Funktion als *lingua franca* im maritimen Asien an das Englische abgeben musste. Der Aufstieg des Englischen zur Weltsprache Nr. 1 kann nicht verwundern.[14] Er erklärt sich aus der demographischen Expansion der anglophonen USA, dem Erfolg der Dominions und der frühen Festsetzung der Briten in vielsprachigen und daher eines überwölbenden Verständigungsmediums bedürftigen Kolonien wie Indien und Südafrika. Erst im 20. Jahrhundert wurde der Siegeszug des Englischen (und Amerikanischen) auch durch Kulturindustrie und Massenmedien unterstützt.

4. Die Entstehung der Weltwirtschaft

In der Ära des Freihandels (1846–1880) wurden, weitgehend unbeeinträchtigt von staatlicher Reglementierung, zahlreiche weltweite wirtschaftliche Beziehungen geknüpft.[15] Technologische und politisch-ideologische Ursachen wirkten hier mit einem Verständnis von Staatlichkeit zusammen, in dem nationalstaatliche Gestaltungsansprüche zwar absoluter, aber zugleich enger umgrenzt waren, als man dies heute im Zeitalter interdependenter Interventionsstaaten gewohnt ist. Das Ergebnis war, trotz des Telegraphen, selbstverständlich noch keine «globale Ökonomie», wie Theoretiker sie heute verwirklicht sehen: «eine Wirtschaft mit der Fähigkeit, als Einheit in Echtzeit oder gewählter Zeit auf globaler Ebene zu funktionieren».[16] Auf der anderen Seite hatte bereits seit dem 16. Jahrhundert wirtschaftliches Wachstum («Kapitalakkumulation») innerhalb interkontinentaler Strukturen, besonders des Plantagenkomplexes und des Asienhandels, stattgefunden. Was also war neu im 19. Jahrhundert?

(1) Das Volumen des Welthandels erhöhte sich zwischen 1800 und 1913 um das 25-Fache. Ein großer Schub der Handelsexpansion setzte in den 1850er Jahren ein; ab Mitte der 1870er beschleunigte sich das Wachstum des Handels noch einmal außerordentlich. Der Welthandel wuchs viel schneller als die Weltproduktion.[17] Drei Viertel des internationalen Handels konzentrierten sich allerdings in Europa und innerhalb eines Dreiecks, dessen Ecken Westeuropa, Nordamerika und Australien/Neuseeland bildeten; unter den Kolonien waren nur Indien und Südafrika wichtige Subzentren. Die sich industrialisierenden Länder, an erster Stelle Großbritannien, waren die Herren und Organisatoren der neuen Phase weltwirtschaftlicher Integration. Dennoch blieben Nischen für regionale Netze indi-

scher, chinesischer, armenischer (usw.) Kaufleute.[18] Die Weltwirtschaft bewahrte Rudimente ihrer alten Polyzentralität.

(2) Niemand machte unmittelbarere Erfahrung mit Globalisierung als diejenigen, die sich in einem fremden Teil der Welt ansiedelten. Innerhalb Europas mit seiner schon traditionell ungewöhnlich mobilen Bevölkerung entstand im Verlauf des 19. Jahrhunderts «eine neue transnationale Migrationstopographie».[19] Exportierende Räume waren Süd-, Südost- und Osteuropa, die wichtigsten Zuwanderungsräume Deutschland, Frankreich und die Schweiz. Diese Bevölkerungsbewegungen verblassten gegenüber den Wanderungen in andere Teile der Welt. Man hat geschätzt, dass zwischen 1850 und 1914 etwa 60–70 Millionen Menschen ihre Heimat verließen, ohne dorthin zurückzukehren. Dazu zählen 40–45 Millionen Europäer, die nach Übersee auswanderten, überwiegend nach Nord- und Südamerika, 7 Millionen Immigranten ins asiatische Russland sowie 11 Millionen Inder, Chinesen und Japaner, die zumeist als Kontraktarbeiter («Kulis») in fremde Länder (Südostasien, die USA, die Karibik, Ost- und Südafrika) gelangten.[20] Obwohl der Sklavenhandel seit seinem Verbot durch das britische Parlament 1807 immer mehr zurückgedrängt wurde, wurden zwischen 1811 und 1867 nicht weniger als 2,7 Millionen Afrikaner als Sklaven nach Amerika verkauft.[21] Immigranten verloren sich selten sogleich in ihrer neuen Umgebung. Sie bildeten Herkunftsgemeinschaften – im Extremfall selbstgenügsame «Chinatowns» – und stärkten damit den multiethnischen Charakter ihrer Aufnahmeregionen. Da die Diasporas zumeist Verbindungen in die alte Heimat aufrechterhielten, überzog die Fernmigration des 19. Jahrhunderts den Globus mit einem Geflecht transozeanischer Verwandtschaftsbeziehungen. Auch ökonomisch trugen die Migranten zu globaler Integration bei. Sie erschlossen Pioniergrenzen («frontiers»), waren gute Kunden für die Erzeugnisse ihrer Herkunftsländer, erhöhten die globale Gesamtproduktivität durch effizientere Ressourcennutzung (Arbeitsteilung, bessere Standorte) und gründeten häufig selbst neue Unternehmen und Geschäftszweige. Aufstieg und andauernder Erfolg der USA als führender Wirtschaftsmacht sind

ohne die Beiträge der Einwanderer des 19. Jahrhunderts nicht erklärbar.

(3) Erstmals wurde es nun möglich, Massengüter über große Distanzen zu verschicken. Auch hier wurde um 1880 eine Schwelle überschritten. Die fortschreitende Integration des atlantischen Kerns begann, sich in einer zunehmenden Angleichung von Güterpreisen und Reallöhnen zwischen Westeuropa und Nordamerika zu zeigen. Der Niedergang des britischen Getreideanbaus und die Umstellung Großbritanniens auf Fertigwarenexporte und Getreideimporte nach der Abschaffung der Corn Laws 1846 sind erste Beispiele für die strukturverändernde Wirkung dieser neuen Form weltwirtschaftlicher Arbeitsteilung. Regionale Märkte reagierten aufeinander mit neuartiger Schnelligkeit und Sensibilität.[22]

(4) Das untrüglichste Anzeichen engerer globaler Zusammenhänge war das Auftreten weltweit spürbarer Konjunkturbewegungen. Die sogenannte «Große Depression» oder «Gründerkrise», die 1873 begann, ließ weltweit die Güterpreise fallen. Noch nachhaltiger machte sich eine Expansion der Nachfrage nach 1896 auf allen Kontinenten günstig bemerkbar: die erste globale Hochkonjunktur.[23]

V. Weltkapitalismus und Weltkrisen, 1880–1945

1. Globalitätserfahrungen, Weltwirtschaft und Weltpolitik um die Jahrhundertwende

Es ist ein Gemeinplatz zumindest der Wirtschaftsgeschichte geworden, die Jahrzehnte vor dem Ausbruch des Ersten Weltkriegs als eine Epoche weitgehender Globalisierung zu beschreiben und darauf eine bis nach dem Zweiten Weltkrieg andauernde Phase der De-Globalisierung folgen zu lassen. Fragt man aber nicht nur nach *wirtschaftlichen* Vernetzungen, so erscheint der Kontrast zwischen den beiden Phasen weniger scharf. Stattdessen tritt die globale Dimension von Konflikt *und* Kooperation seit dieser Zeit hervor: Man konnte einander nicht mehr entrinnen; die Welt war bis ins Alltagsleben spürbar zu einer Schicksalsgemeinschaft geworden. Selbst Prozesse der *Ent*flechtung lassen sich wegen ihrer raumgreifenden Auswirkungen von nun an allein als Vorgänge *innerhalb* von Weltwirtschaft oder Weltpolitik beschreiben, und oftmals handelte es sich dabei um bewusste Reaktionen auf Globalisierung.

Nicht erst mit der Erfindung des Internets, sondern bereits in den Jahrzehnten vor dem Ersten Weltkrieg wurde für einen schnell wachsenden Teil der Weltbevölkerung der Planet zum Erfahrungs- und Handlungsraum. Dies war in hohem Maße eine Folge der Verbreitung kommunikativer Fähigkeiten. Die USA, das Entstehungsland einer Massenpresse, hatten seit jeher an der Spitze der Literalitätsstatistik gestanden. Nach etwa 1870 fiel auch *überall* in Europa, sogar in rückständigen Gebieten wie Spanien, Russland und dem Balkan, der Anteil männlicher wie weiblicher Analphabeten an der Bevölkerung. Am Vorabend des Krieges war dafür gesorgt, dass die Rekruten aller Seiten ihre Instruktionen lesen und ihren Familien Feldpostkarten schreiben konnten.[1] Die Alphabetisierung Japans stand derjenigen Frankreichs oder Deutschlands nur geringfügig nach. In den kolonisierten Teilen der Welt (selbstverständlich mit Ausnahme der Dominions und einiger Länder Lateinamerikas) blieb die Mehrheit illiterat, doch waren bis 1900 überall moderne Bildungsschichten entstanden, die der englisch-, französisch- oder spanischsprachigen Presse Nachrichten aus aller Welt zu entnehmen vermochten. In China, Japan, der osmanischen Türkei und Ägypten blühte ein Pressewesen in den – nun oft sprachreformerisch vereinfachten – Traditionssprachen auf. Der Beruf und Sozialtypus des Journalisten gewann universale Verbreitung.[2]

Im Bewusstsein nicht nur der Eliten zeigte sich um die Jahrhundertwende eine grundlegende Transformation der Dimensionen des Lebens und Denkens, vor allem der Erfahrung von Raum und Zeit.[3] 1884 einigten sich 25 Staaten auf das System einer in Zeitzonen aufgeteilten, am Meridian von Greenwich ausgerichteten Weltzeit; bis 1913 fand dieses System allgemeine Verbreitung.[4] Die westliche Welt war damals längst chronometrisch durchdrungen, die billige Taschenuhr zu einem Gebrauchsgerät geworden; stetig verbreitete sich das Einheitsregiment der mechanischen Zeit.[5] Zugleich wurden in der Zusammenschau der Messergebnisse von weltweit installierten Wetterstationen zum ersten Mal systematische Zusammenhänge innerhalb eines «Weltklimas» beobachtbar. Die «Holzkrise» der Jahrhundertwende ist ein frühes Beispiel für Besorgnis über die Endlichkeit natürlicher Ressourcen und führte zu ersten Klagen über eine globale «Raubwirtschaft».[6]

Auch die Überwindbarkeit des Raumes wurde immer mehr zu einer Selbstverständlichkeit: im Großen durch die transkontinentale Dampferreise, die für die Führungselite der Weltwirtschaft ebenso unentbehrlich war (aber nach dem Schiffbruch der *Titanic* 1912 mit verminderter Zuversicht angetreten wurde) wie für die Unterklasse chinesischer Kontraktarbeiter, im Kleinen durch die neuen Gerätschaften Fahrrad (erst seit den 1880er Jahren in Europa massenhaft verbreitet!), Trambahn, Omnibus und Automobil. 1903 staunte die Welt über den ersten Motorflug, und 1913 hielt sich ein Flugzeug mit acht Personen bereits zwei Stunden lang in der Luft. Zu dieser Zeit endete auch die Epoche der europäischen geographischen Entdeckungen. Als Roald Amundsen 1911 den Südpol erreichte, war jeder Teil des Globus bereist und kartographiert. Nur die allerhöchsten Berge widerstanden dem Ansturm europäischer Alpinisten.

Eine solche Beherrschung von Raum und Entfernung wirkte auf die Denk- und Gefühlslage der Epoche zurück. Die Gegenwart wurde nun von vielen als ein Zusammenhang weltweit simultan stattfindender Ereignisse verstanden, als globale Gleichzeitigkeit statt als das im Augenblick unmittelbar Präsente. In Politik und Wirtschaft, Wissenschaft und Kunst bestand weitgehende Einigkeit darüber, dass Beherrschbarkeit des Raumes und globale Gleichzeitigkeit fundamentale Veränderungen des menschlichen Zusammenlebens mit sich bringen würden. Die Verfügbarkeit des Globalen wurde immer öfter als Ausgangspunkt transnationaler Kooperation und Solidarität gedeutet. Je leichter Raum allerdings überwindbar schien, desto weiter war auch der Horizont, den man nach möglichen Feinden und Konkurrenten absuchte.

Für viele Menschen wurde Globalisierung zuerst durch die Auswirkungen weltwirtschaftlicher Verflechtungen zur Alltagserfahrung. Spätestens seit den 1880er Jahren war alltagssprachlich von *einer* Weltwirtschaft als zusammenhängendem Gebilde die Rede.[7] In den Jahren bis zum Ersten Weltkrieg erfolgte noch einmal ein gewaltiger Schub weltwirtschaftlicher Vernetzung. Man kann die Weltwirtschaft der Jahrhundertwende entweder als ein multilaterales, nicht in kleinere Einheiten auflösbares System beschreiben oder eher die je nach dem sozialen und geographischen Ort sehr unterschiedlichen Formen und Auswirkungen weltwirtschaftlicher Einbindung betonen. Geht man vom Systemcharakter aus, erkennt man ein komplexes Gebilde, das mit dem oft gezeichneten Bild einer Arbeitsteilung zwischen agrarischer Peripherie und westlichen industriellen Metropolen nicht viel gemein hat. Wichtig sind die folgenden drei Punkte:

(1) Die interkontinentalen Ströme von Arbeitskraft, Kapital und Gütern waren aufeinander bezogen und bedingten einander gegenseitig. Europäische Kapitalexporte finanzierten den Ausbau der weltwirtschaftlichen Infrastruktur – und britische Privatleute legten über Jahrzehnte hinweg jedes Jahr 5 bis 7% des britischen Sozialprodukts in ausländischen Staatspapieren, Eisenbahnaktien etc. an. Dieser Kapitalexport wirkte nicht nur in Form einer weltweiten Nachfrage nach Lokomotiven, Kanalisationsröhren und Generatoren wieder nach Europa zurück, sondern schloss auch immer neue Gebiete an die Weltwirtschaft an, in denen Europäer siedelten und vor allem Agrarprodukte für den Export produzierten. Das Zinseinkommen der Kapitalexporteure deckte unterdessen deren Handelsbilanzdefizit, wirkte sich also als Nachfrage nach Importwaren aus. Industrieunternehmen reagierten auf die geographische Ausweitung ihrer Absatzgebiete, indem sie in Produktionsanlagen investierten, die nur durch einen Absatz im Weltmaßstab auszulasten waren, oder sie etablierten Zweigwerke im Ausland und verwandelten sich in multinationale Konzerne.[8]

(2) Zwischen 1870 und 1914 wuchsen untereinander nur lose verbundene Handelsnetze, deren Zentrum zumeist in London lag, zu einem geschlossenen System zusammen. Wichtigstes Anzeichen dafür ist, dass der Ausgleich von Handels- und Zahlungsbilanzen nun multilateral erfolgte. Das Bild einer «halbierten», auf die Nordhalbkugel beschränkten Globalisierung vernachlässigt nicht nur die Auswirkungen weltwirtschaftlicher Einbindung auf außereuropäische Völker, sondern auch die Bedeutung des multilateralen Zahlungsausgleichs für nur dem Anschein nach bilaterale Exportgeschäfte.

(3) Der Systemzusammenhang der Weltwirtschaft konnte nur dank einer ausgefeilten Infrastruktur funktionieren, deren Existenz von nationalstaatlicher Initiative abhing.[9] Die Verkehrs- und Kommunikationsinfrastruktur war zwar zu einem weitaus größeren Teil, als man sich das heute vorstellen kann, privat finanziert, doch der grenzüberschreitende Bahn-, Post- und Telegrafenverkehr erforderte es, dass Regierungen sich über technische Standards und Modalitäten wie die ungehinderte Durchleitung von Telegrafensignalen einigten.[10] Wie sehr die Globalisierung vor 1914 auf staatlich geschaffenen Voraussetzungen beruhte, zeigt das Beispiel des internationalen Währungssystems. Seit den 1870er Jahren standen alle wichtigen Handelswährungen in einem festen Verhältnis zum Gold, so dass weltumspannende Handels- und Anlagegeschäfte nahezu ungefährdet von Kursschwankungen und Inflationsrisiken abgeschlossen werden konnten. Unter den Bedingungen des Goldstandards waren so wichtige wirtschaftspolitische Richtungsentscheidungen wie die Festlegung auf Währungsstabilität, niedrige Staatsausgaben und einen freien Kapitalverkehr praktisch durch das Währungssystem vorgegeben.[11]

Ebenso wichtig wie der multilateral-systemische Charakter der Weltwirtschaft sind die Formenvielfalt weltwirtschaftlicher Einbindung und das Fortbestehen klaffender «Löcher im Netz». Weiterhin gab es Regionen, die nur sporadisch mit der Weltwirtschaft zu tun hatten. Der größte Teil Afrikas, die meeresfernen Provinzen Chinas sowie Landstriche auf allen Kontinenten, die noch nicht an Eisenbahn oder Dampfschifffahrt angeschlossen waren, gehörten dazu. Anderswo zeigen sich in unterschiedlichem Ausmaß die Effekte weltwirtschaftlicher Arbeitsteilung, d.h. zugleich technologisch-institutionelle Homogenisierung *und* ökonomische Differenzierung. Sowohl in den europäischen Kolonien als auch in den politisch unabhängigen Staaten Lateinamerikas entstanden von der lokalen Wirtschaft abgekoppelte, auf den Weltmarkt ausgerichtete Enklaven: In den Zinnminen Malayas förderten Vertragsarbeiter aus China unter der Anleitung europäischer Ingenieure eine für den Export in die industrialisierte Welt bestimmte Ressource, bevor sie mitsamt ihren Ersparnissen in die Heimat zurückkehrten.[12] Weltwirtschaftliche Einbindung hatte hier keinen tieferen Strukturwandel zur Folge. Gleiches gilt für die sich nun überall im tropischen Asien und Afrika ausbreitende Plantagenwirtschaft (Kaffee, Tee, Kakao, Kautschuk usw.) oder für den Abbau des als Dünger begehrten Guano vor der peruanischen Küste. In einigen Fällen – vor allem Argentinien – war nahezu die gesamte Volkswirtschaft auf den Export landwirtschaftlicher Erzeugnisse eingestellt. In diesen Exportökonomien mit ihrer hohen Anfälligkeit für Schwankungen von Nachfrage und Preisen auf dem Weltmarkt war der Zugang zur Weltwirtschaft nicht nur eine Quelle ökonomischen Gewinns, sondern auch Ursprung von sozialem Status und politischer Macht.[13]

Der industrialisierte Westen schließlich war ein Raum außerordentlich verdichteter ökonomischer Interaktion, in dem sich regionale, nationale, internationale und globale Netzwerke überlagerten. Weltwirtschaftliche Verflechtung beschränkte sich nicht auf grenzüberschreitende Geschäfte; auch scheinbar im nationalen Rahmen ablaufende Vorgänge wie die innere Erschließung der USA durch den Bahnbau oder der Übergang des Deutschen Reiches zur Goldwährung hatten eine immense *welt*wirtschaftliche Bedeutung. Im westeuropäisch-atlantischen Raum konzentrierte sich die Herstellung in alle Welt exportierter Konsum- und Produktionsgüter, hier hatten die Kapitalexporte, die sich global angleichenden Formen der Unternehmensorganisation und die wichtigsten Technologien ihren Ursprung. Nur hier konnten sich breitere Gesellschaftsschichten einen über das Lebensnotwendige hinausgehenden Konsum leisten, der sich auch auf «Kolonialwaren» erstreckte. Im Jahre 1913 lag das geschätzte Pro-Kopf-Einkommen in den USA und den Dominions bei 5300 $ (Basis: 1990), in Westeuropa bei 3500, in Japan bei 1400, im restlichen Asien aber bei nur 640 und in Afrika (dessen statistisches Gesamtbild durch den südafrikanischen Bergbau «geschönt» wird) bei 585.[14] Es gab also bereits damals zwischen den reichsten Zentren der Welt – die nun schon nicht mehr in Europa lagen – und den ärmsten einen Abstand von 10 : 1. Um 1820 scheint dieser noch bei 3 : 1 gelegen zu haben.

Globalisierungsprozesse im 19. Jahrhundert erfassten keineswegs bereits zusammenhängende, nationalstaatlich integrierte Volkswirtschaften, die sie vernetzt und unter Anpassungsdruck gesetzt hätten. Globalisierung verlief vielmehr *parallel* und *simultan* zur Nationsbildung. In welcher Weise haben sich die beiden Prozesse gegenseitig beeinflusst? Wichtig sind vor allem die politischen Reaktionen auf die Konsequenzen weltwirtschaftlicher Verflechtung. Diese kamen zuerst von «Globalisierungsverlierern»: Deutsche Landwirte sahen sich durch billige Getreide- und Fleischimporte aus Übersee bedroht. Amerikanische Farmer verlangten eine Abwendung der USA vom Goldstandard, der die Preise und damit die Last ihrer Schulden stabil hielt. Kanadische Einwanderer der ersten Stunde wandten sich gegen den Zuzug weiterer ungelernter Arbeitskräfte. All diese Gruppen verlangten vom Staat Hilfe beim Schutz ihrer Interessen. Die meisten Staaten mit der Ausnahme Großbritanniens kehrten nach 1878 zum Protektionismus zurück (die USA hatten ihn nie aufgegeben), und es gab erste Beschränkungen der Einwanderung, die sich in einer Zeit des aufsteigenden Rassismus zuerst gegen asiatische Migranten richteten.[15] So entstanden fast gleichzeitig mit dem Zusammenwachsen der Weltwirtschaft – und teils als Reaktion darauf – die ersten Ansätze zum modernen Interventionsstaat, der durch Zoll- und bald auch Sozialpolitik Globalisierung im «nationalen» Sinne zu steuern suchte.[16] Sein politisches Programm ging nicht auf Cobden oder Marx zurück, sondern auf den schwäbisch-amerikanischen Publizisten Friedrich List (1789–1846), einen weltweit einflussreichen Kritiker von Globalisierung *avant la lettre*.

Die neuen Zollmauern waren nicht hoch genug, um die gerade erst geschaffene Weltwirtschaft ernsthaft zu gefährden. Vielmehr war die Rückkehr zum Protektionismus Indiz wie Ursache einer *politischen* Klimaveränderung.[17] Die nun überall spürbare Ökonomisierung der Politik steht in scharfem Kontrast zur Stimmung der Jahrhundertmitte. Sie war zuallererst eine Politisierung von Globalität. Deren Konsequenzen wurden nun nicht mehr fraglos als Schicksal akzeptiert, sondern wandelten sich zu einem Thema organisierter Interessengruppen, die in den parlamentarisierten Ländern des Westens Einfluss auf politische Entscheidungen zu gewinnen suchten. Die letzten Jahrzehnte des «langen» 19. Jahrhunderts (ca. 1789–1914) waren nicht nur eine Zeit der Globalisierung, sondern zugleich auch eine der Territorialisierung, d. h. des Bemühens um die Anbindung sozialer Beziehungen an genau umgrenzte politisch-territoriale Räume, in der Regel an Nationalstaaten.[18] Weltwirtschaftliche Integration sollte nun der Macht des Staates zugutekommen; politische Legitimität durch die Bevorzugung einheimischer Interessen gesichert werden. Damit wurde die politische Kontrolle über weltweite Verflechtungen von einem Thema der Globalisierungsverlierer zu einem offensiv vertretenen Ziel national- und machtstaatlicher Politik.

2. Imperialismus und Weltkrieg

Mit der Ausbreitung der Kommunikations- und Verkehrsnetze und der Herausbildung weltumspannender Produktionsketten wurde die ganze Welt zum Interaktionsraum der konkurrierenden Territorialstaaten. Das Denken in Begriffen weltumspannender Rivalität nicht nur zwischen Militärapparaten, sondern auch zwischen ganzen Nationalstaaten, Volkswirtschaften oder Zivilisationen war ein Signum der Epoche um die Jahrhundertwende. Den deutschen «Weltpolitikern» um 1900 zum Beispiel erschien es als ein Widerspruch in sich, das Deutsche Kaiserreich als eine im bismarckschen Sinne «saturierte» Großmacht ohne Expansionswünsche zu betrachten. Die Zukunft, so hieß es nun, gehöre allein Großstaaten, die die politische Kontrolle über Menschen, Rohstoffe und Märkte eines Imperiums ausübten und die Fähigkeit zu weltweiter Machtprojektion besäßen. Die Alternative laute daher «Weltmacht oder Untergang», schon die reine Selbstbehauptung erfordere eine Machtpolitik im Weltmaßstab.[19]

Die Überwindbarkeit des Raumes bedeutete auch seine Verknappung. Die durchschnittliche jährliche Wachstumsrate der Weltbevölkerung hatte sich zwischen 1870 und 1913 gegenüber dem Zeitraum 1820–1870 verdoppelt.[20] Eine Weltbevölkerung von 1,8 Milliarden im Jahre 1913 erscheint uns bei einer heutigen Zahl von über 7,5 Milliarden als wenig bedrohlich, doch gab sie einigen Zeitgenossen Anlass, vor der Verknappung von «Lebensraum» zu warnen und schärfere «Kämpfe um Boden» zu prophezeien. Die kolossalen Bewegungen der Binnenkolonisation in Nordamerika, Russland/Sibirien und (erst nach 1890 beginnend) in der Mandschurei schienen einen solchen Befund zu bestätigen. Die agrarische Siedlungsbewegung in den USA erreichte in der ersten Dekade des neuen Jahrhunderts einen letzten Höhepunkt.[21] Danach war die *frontier* «geschlossen». Gleichzeitig erreichte die Situation der verdrängten nordamerikanischen Urbevölkerung ihren absoluten Tiefpunkt. Allen Kassandrarufen zum Trotz gab es freilich überall noch freies Siedlungsland. Die demographische Stimmung war schlechter als die tatsächliche Lage.

Zunehmende internationale Konkurrenz führte in einem Klima imperialistischer Torschlusspanik zu einem Wettlauf um die Verteilung der noch nicht kolonisierten Gebiete der Erde. 1880 standen 25 Millionen km² unter der Kontrolle einer der überseeischen Kolonialregierungen (die eurasischen Landimperien sind hier nicht mitgerechnet), 1913 waren es 53 Millionen.[22] Konkrete Expansionsschritte hatten im Einzelnen ganz unterschiedliche Ursachen. Selten spielte das sichtbare wirtschaftliche Potential eines Landstrichs eine Rolle, nicht zuletzt deshalb, weil die meisten wirtschaftlich wichtigen Gebiete bereits in Besitz genommen oder unter den Bedingungen des Freihandelsimperialismus in die Weltwirtschaft integriert waren. Viele Gebiete hingegen kamen in einer Zeit verschärfter Rivalität aus strategischen Gründen, also zum Schutz bestehender imperialer Interessen und Kommunikationsachsen, unter die Kontrolle einer der Großmächte. Der Zusammenbruch bestehender politischer Regime oder gesellschaftlicher Ordnungen angesichts von Veränderungen, die aus weltwirtschaftlicher Erschließung und europäischer Besiedlung resultierten, zog ebenfalls häufig imperiale Inbesitznahme oder die Intensivierung vorher lockerer Herrschaftsverhältnisse nach sich. Dies war zuweilen mit heftigen kriegerischen Auseinandersetzungen verbunden, von denen einige, an erster Stelle der Burenkrieg (1899–1902), selbst wieder auf die weltpolitische Machtbalance zurückwirkten. Die Aufteilung ganzer Kontinente ohne die Mitwirkung der Betroffenen blieb hingegen die Ausnahme. Sie gelang auf der Berliner Afrikakonferenz von 1884. Hier handelte es sich zunächst um eine Aufteilung auf der Landkarte, der erst später die tatsächliche Inbesitznahme und wirtschaftliche «Inwertsetzung» folgten. Nachdem aber 1912 auch noch das alte Königreich Marokko zum französischen Protektorat geworden war, stand ganz Afrika (mit der Ausnahme Äthiopiens und Liberias) unter europäischer Kolonialherrschaft.

Das größte und wirtschaftlich interessanteste der noch unabhängigen Länder, China, galt lange ebenfalls als Kandidat für eine Aufteilung, entging ihr aber. Dies lag zunächst daran, dass mehr als ein halbes Dutzend militärisch bedeutsamer Mächte hier sich überschneidende, geographisch kaum zu entflechtende Interessen und Ambitionen verfolgten. Zum anderen lag es aber auch an der Mitwirkung der Chinesen, die aus ihrem Land einen unabhängigen und mächtigen Nationalstaat machen wollten. Dieser Entschluss bildete sich nach dem fremdenfeindlichen Boxeraufstand von 1900, zu dessen Unterdrückung eine beispiellose, alle Rivalitäten überbrückende Ad-hoc-Koalition von acht Interventionsmächten geschmiedet worden war. Die neue chinesische Nationalbewegung verfolgte danach unter Orientierung an Japan eine Doppelstrategie von Anpassung und Widerstand.[23]

Nicht nur Territorien, sondern auch wirtschaftliche Chancen konnten aufgeteilt werden. Die ökonomisch wie strategisch bedeutsamsten waren Eisenbahnlinien, die stets in geostrategischen Begriffen wahrgenommen wurden: In China dachten sich imperialistische Interessenten in der Regel eine Eisenbahnlinie als von einer «Einflusssphäre» umgeben; in der Mandschurei entstanden Eisenbahnkolonien in russischer und japanischer Hand. Russland verfügte seit 1903 mit der Transsibirischen Bahn über eine direkte Eisenbahnverbindung nach Ostasien mit Anschluss an das chinesische Netz. Wer wollte, konnte nach 1913 von Lissabon bis Shanghai mit der Bahn fahren. Stets war der Eisenbahnbau auch ein exzellentes Geschäft für schwerindustrielle Exporteure. Aber die teuren, technisch wie personell aufwendigen Großsysteme der Eisenbahn erreichten selbstverständlich niemals die planetarische Allgegenwärtigkeit des benzinbetriebenen Automobils, das in seiner Gestalt als Gelände- oder Lastwagen bis zur Mitte des 20. Jahrhunderts unwegsamstes Terrain zugänglich gemacht hatte. 1920 waren nur 13,2 % der Bahngleise auf der Welt in Asien und Afrika verlegt.[24]

Global wurde das Mächtesystem um die Jahrhundertwende nicht nur wegen der vergrößerten Reichweite europäischer Ambitionen, sondern auch wegen des Hinzutretens neuer Machtzentren. Der Spanisch-amerikanische Krieg von 1898 markiert den Eintritt der USA, die damals bereits Großbritannien und Deutschland als leistungsfähigster Industrieproduzent überrundet hatten, in die Weltpolitik. Japan, ökonomisch bei weitem schwächer, war seit den 1890er Jahren eine politisch unabhängige und militärisch nicht zu unterschätzende Regionalmacht in Ostasien mit einer eigenen Kolonie (Taiwan) und einem informellen Einflussgebiet in Korea. Seit 1902 war es durch eine diplomatische Allianz, wie sie bisher nur europäische Mächte miteinander geschlossen hatten, mit Großbritannien verbunden. Und nicht mehr nur Großbritannien, sondern auch Russland war infolge der Verschiebung seiner eigenen inneren *frontier* nach Osten eine europäische *und* eine asiatische Großmacht.

Schon kurz nach der Jahrhundertwende mussten alle europäischen Großmächte ihre überseeischen Ansprüche zurückschrauben. Dies hatte zunächst einmal mit innereuropäischen Rivalitäten zu tun: Es war die als immer bedrohlicher empfundene Flottenrüstung Deutschlands, die Großbritannien dazu brachte, den Ausgleich mit den USA, mit Frankreich und mit Russland zu suchen und dabei Ansprüche auf Gebiete oder informellen Einfluss in Lateinamerika, Nordafrika und Persien aufzugeben. Diese Einigungen wurden unter anderem deshalb möglich, weil die Verhandlungspartner Großbritanniens aus Furcht vor Deutschland ihrerseits zu Zugeständnissen bereit waren. So entstand erstmals ein globales System von Allianzen – neben «Territorialisierung» und der kolonialen Aufteilung der Welt ein weiteres Beispiel für die «Dialektik von Globalisierung und Fragmentierung».[25] Bereits über eine ins Globale verlängerte europäische *balance of power* hinaus wies gleichzeitig der Russisch-japanische Krieg von 1904/05, ein herber Rückschlag für die Expansion Europas. In der entscheidenden Seeschlacht bei Tsushima besiegte Japan, die erste nichtwestliche moderne Militärmacht, die um Afrika herum herangeholte russische Ostseeflotte. Der Sieg der Japaner wurde weltweit sowohl als Sieg des modernen Verfassungsstaates (Japan besaß seit 1889 eine unter Mitwirkung deutscher Juristen formulierte Verfassung) über die nur begrenzt mobilisierungsfähige russische Autokratie verstanden als auch als Beweis für die Möglichkeit einer Emanzipation nichtwestlicher Staaten aus der Abhängigkeit vom imperialistischen Europa.

Welche Alternativen gab es zum Szenarium des unausweichlichen Zusammenpralls der Großmächte in einer eng gewordenen Welt? Zunächst ist auf gegenläufige Tendenzen der Kooperation in den «unpolitischen» Bereichen der technischen und organisatorischen Standardisierung zu verweisen, wo internationale Vereinbarungen leichtfielen. Bereits 1911 veröffentlichte ein amerikanischer Jurist und Diplomat darüber eine umfangreiche Bestandsaufnahme.[26] Erstmals konnte in dieser Zeit auch der alte utopische Gedanke einer menschheitlichen Solidarität organisatorisch verwirklicht werden. Das Internationale Komitee vom Roten Kreuz, schon 1863 in einer Vorform durch den Genfer Geschäftsmann Henri Dunant ins Leben gerufen, war von vornherein mit einem universalen humanitären Anspruch aufgetreten.[27] Der feministische Suffragismus verband in der Forderung nach dem Frauenwahlrecht Vertreterinnen aus Europa, Nordamerika, Neuseeland, Australien und später auch Indien. In Chicago trat 1893 das erste «Weltparlament der Religionen» zusammen.[28] Die Sympathie der ansonsten internationalistisch gesonnenen sozialistischen Arbeiterbewegung für die Kolonisierten beschränkte sich allerdings auf das Anprangern kolonialer «Exzesse» und stellte das System als solches nicht in Frage.

Begrenzte ein Mangel an politischem Gewicht die Wirkung privater Zusammenschlüsse, so war im Falle der beiden Haager Friedens- und Abrüstungskonferenzen (1899 und 1907) ein Kernbereich nationaler Souveränität berührt. Kaum eine Regierung war bereit, verbindliche Verpflichtungen einzugehen. Immerhin gelang die Formulierung bis heute gültiger Grundsätze für die Kriegführung, an die sich von Anfang an auch außereuropäische Staaten hielten, um ihren Anspruch auf eine gleichwertige Stellung in der Völkergemeinschaft zu untermauern.[29] Allen diesen internationalistischen Alternativen zur Machtpolitik ist gemeinsam, dass sie sich – eine Ausnahme ist das Rote Kreuz – 1914 mit dem Ausbruch des Ersten Weltkriegs als wenig belastbar erwiesen.

Es wäre trivial, den Weltkrieg als ein unmittelbares Ergebnis der ihm vorausgegangenen Globalisierungsschübe zu interpretieren. Selbstverständlich wäre die komplizierte Konfliktkonstellation vom Sommer 1914 ohne sie *in einer allgemeinen Weise* nicht denkbar gewesen. Es waren aber eher die internen Krisen global weniger eingebundener Regionen Europas als die innereuropäischen und noch weniger die kolonialen Konflikte unter den Großmächten, die den Ersten Weltkrieg auslösten. Ursächlich handelte es sich um einen europäischen Krieg, der aber seit einem frühen Stadium von Beginn an im globalen Maßstab und mit globalen Ressourcen ausgefochten wurde. Die Beteiligung des Osmanischen Reiches (mitsamt seinen arabischen Provinzen) auf der Seite der Mittelmächte, der Kriegseintritt Japans und vor allem der USA, die Kämpfe im subsaharischen Afrika, die deutschen Versuche zur Aufwiegelung der muslimischen Welt sowie der Einsatz überseeischer Truppen in Europa: All dies waren globalisierende Elemente.[30] 1914 wurde zu einem Zäsurdatum in der Nationalgeschichte eines den Kriegsschauplätzen so fernen Landes wie Neuseeland, das 17 000 Soldaten verlor.

Der Erste Weltkrieg war einerseits eine Phase konvulsivisch verdichteter Interaktion. Andererseits wurden zahlreiche lange bestehende Vernetzungen unterbrochen, ohne dass neue stabile Strukturen entstanden. Zunächst zerreißt jeder Krieg bestehende kulturelle, wirtschaftliche und zwischenmenschliche Beziehungen und zieht schroffe Grenzen zwischen Freund und Feind. Handelsblockaden, Internierung und Beschlagnahme, Angriffe auf Kommunikationseinrichtungen und die Schiffahrt waren Mittel der Kriegführung. Die weltwirtschaftliche Arbeitsteilung wurde unterbrochen: Europas Industrieexporte kamen faktisch zum Erliegen, da Maschinen und Rohstoffe für die Rüstungsproduktion benötigt wurden. In den europäischen Kolonien, in Lateinamerika und in China entstanden in dem so geschaffenen Angebotsvakuum zahlreiche neue Industriezweige, die einen zuvor weltwirtschaftlich befriedigten Bedarf nun lokal deckten. Zugleich wurde ein großer Teil der europäischen Auslandsanlagen liquidiert, um die Kriegführung zu finanzieren. Auch das Währungssystem des Goldstandards brach zusammen, da kein Staat den Krieg ohne die Notenpresse finanzieren konnte.

Eine integrierende Wirkung hatte der Krieg innerhalb der kriegführenden Bündnisse, deren Anstrengungen zunehmend in politisch-ökonomischen Großräumen organisiert wurden. In Europa kämpften mehrere Millionen Soldaten aus den afrikanischen Kolonien Frankreichs, aus Indien, Australien und Neuseeland sowie, ab Juni 1917, aus den USA. Nahrungsmittel, Maschinen und kriegswichtige Rohstoffe wie Kautschuk wurden aus den Kolonien nach Europa geschafft. Es war nicht zuletzt die Fähigkeit zu globaler Ressourcenorganisation, die den alliierten Sieg ermöglichte.[31] Dafür entscheidend war die Sicherung der maritimen Nachschubwege; der dagegen gerichtete deutsche U-Boot-Krieg zog die USA in den Krieg. Den Mittelmächten dagegen fehlte der Zugang zu wesentlichen Ressourcen, insbesondere zu den Getreideanbauregionen in den gemäßigten Zonen in Übersee.

Anders als Waren konnten Viren die militärischen Frontlinien problemlos überschreiten. Auf den französischen Schlachtfeldern kamen auch die Krankheitserreger aller Kontinente zusammen und verbreiteten sich von dort aus weiter. Die weltweite Grippe-Epidemie des Jahres 1918 forderte mehr Opfer als der ganze Krieg.[32]

3. 1918–1945: Globale Krisen und Konflikte

Der Erste Weltkrieg brachte die Weltherrschaft Europas zu einem Ende und erschütterte die Grundlagen der internationalen Wirtschaft. Von den Folgen des Krieges blieb kaum ein Mensch auf der Erde unberührt. Dass sie letztlich nicht bewältigt werden konnten, führte zu einem neuen Weltkrieg. Auf internationaler Ebene war die Vorkriegsordnung, die auf einer Balance zwischen weltweit konkurrierenden europäischen Großmächten beruht hatte, diskreditiert. Anfangs schien sich eine Neuordnung der Weltpolitik, orientiert an den «14 Punkten» des amerikanischen Präsidenten Woodrow Wilson, d.h. an den Leitsätzen von Demokratie, nationaler Selbstbestimmung, kollektiver Sicherheit und freiem Handel, zu ergeben. Auf der Friedenskonferenz von Versailles wurde 1919 der Völkerbund gegründet, die erste politische Dachorganisation für die Staatenwelt. Auf der Konferenz von Washington 1921/22 gelang das erste globale Rüstungskontrollabkommen: Alle bedeutenden Seemächte (darunter auch Japan) einigten sich auf exakte Begrenzungen ihrer Flottenstärke.

Der souveräne Nationalstaat wurde weltweit verbindlich als die Normalform politischer Organisation festgelegt. Damit einher ging eine Welle von Staatsgründungen in einem großen Bogen vom Baltikum über den Balkan bis nach Mesopotamien; die außertürkischen Nachfolgestaaten des Osmanischen Reiches wurden allerdings zunächst als «Mandate» einer quasi-kolonialen Kontrolle Großbritanniens und Frankreichs unterstellt. Die großen Kolonialreiche und Gebiete informeller europäischer Vorherrschaft blieben bestehen. Der Krieg hatte dem antikolonialen Nationalismus jedoch überall einen kräftigen Schub verliehen. In fast allen Kolonien brachten Arbeitsverpflichtungen und die intensivierte Produktion kriegswichtiger Güter eine Verdichtung kolonialer Herrschaft mit sich. Kolonialsoldaten, die an der Westfront gekämpft hatten, erwarteten nun eine Gegenleistung für die im Dienste der Kolonialmacht erbrachten Opfer. Überall artikulierte sich jetzt, westliche Freiheitsprinzipien und lokale Autonomiewünsche verschmelzend, die Forderung nach Selbstbestimmung und Modernisierung, nirgendwo so stark wie in Indien.

Der antikoloniale Nationalismus setzte sich, gestützt auf den demokratischen Idealismus Wilsons, die Errichtung konstitutionell geordneter Staatswesen ohne die Kolonialherren zum Ziel. Doch inzwischen standen zwei weitere politische Innovationen als Vorbilder zur Verfügung: der Leninismus und der Faschismus. Ersterer verfügte seit der Russischen Revolution von 1917 über eine Machtbasis und schuf sich mit der Kommunistischen Internationale (Komintern) eine Organisation mit weltrevolutionärer Zielsetzung, die allerdings in ihrer Reichweite und Wirkung hinter diesem Anspruch zurückblieb. Schläge gegen den Kapitalismus an seiner Peripherie sollten auch im Bündnis mit nichtkommunistischen Kräften der «nationalen Bourgeoisien» geführt werden. Moskau wurde zu einem Ausbildungszentrum für junge Kader aus aller Welt. Die Weltrevolution blieb jedoch aus, auch in Deutschland und China, die man aus unterschiedlichen Gründen für «reif» gehalten hatte. Daher gab es vor dem Zweiten Weltkrieg noch keinen «Sowjetblock». Unter Stalin ging die UdSSR vom Revolutionsexport zum «Aufbau des Sozialismus in einem Lande» über.

Der Faschismus – wir benutzen den Begriff hier in einem weiten Sinne, der auch den Nationalsozialismus und den japanischen Extremnationalismus der 1930er Jahre einschließt – verfügte über kein globales Programm. Was ihn – in Europa wie auch anderswo – attraktiv machte, war seine Mischung aus nationalem Autarkiestreben, Militarismus, Etatismus und Technologieverherrlichung, die den Neigungen und Interessen von Modernisierungsautokraten und Militärherrschern entgegenkam. Selbstreform oder antikolonialer Widerstand suchten bei *beiden* ideologischen Innovationen Abkürzungen in die Moderne.[33]

Der Faschismus wollte das System der «darwinistischen» Mächtekonkurrenz nicht überwinden, sondern in ihm mit besonders brutalen Mitteln reüssieren. Insofern war er ein radikalisierter Imperialismus. Dass er das Völkerrecht missachtete und den Völkerbund ablehnte, war nichts als konsequent. Mit Neid und Bewunderung blickten die Faschisten auf das britische Weltreich und die immensen Potentiale der USA. Den wahrhaft global-liberalen Weltordnungskonzepten, für welche die angelsächsischen Führungsmächte standen, konnten sie aber nur die Idee des imperial dominierten «Großraums» entgegensetzen. Dieses Wort nahm jetzt eine finstere Bedeutung an, die es seither nie ganz verloren hat. Als während des Zweiten Weltkriegs das nationalsozialistische Deutschland in Europa und das japanische Kaiserreich in Ost- und Südostasien solche Großräume verwirklichten, wurden sie zu historisch einzigartigen Zonen der Ausbeutung und des Massakers.

Ließ sich in den 1880er Jahren eine Politisierung der Ökonomie beobachten, so in den Jahren nach dem Ersten Weltkrieg eine nahezu weltweite Ideologisierung der Politik. Dies zeigt sich auch darin, dass die ideologischen Loyalitäten sich mehr als früher aus den Arenen nationaler Politik lösten und einen transnationalen Charakter annahmen. In dieser Hinsicht wurde tatsächlich zwischen Demokraten, Kommunisten und Faschisten so etwas wie ein dreipoliger Weltbürgerkrieg ausgetragen.[34] Ereignisse wie der Spanische Bürgerkrieg oder die Chinesische Revolution zogen daher aus den verschiedenen Lagern internationale Sympathisanten an.

Trotz der Universalisierung der Diskurse von Nationalismus und Liberalismus, Leninismus und Faschismus fällt insgesamt eher die außerordentliche Heterogenität der Staatenwelt der Zwischenkriegszeit ins Auge. Vor 1914 hatte es im Wesentlichen (zumeist monarchisch verfasste) imperialistische Großmächte, kleinere Staaten und die mehr oder minder abhängige nichtwestliche Peripherie gegeben. Nun herrschte bereits unter den Großstaaten eine verwirrende Rollenvielfalt. Unter ihnen gab es nicht länger den in Jahrhunderten europäischer Diplomatiegeschichte eingeübten Grundkonsens «zivilisierter» Realpolitik und ihrer Umgangsformen, die selbstverständlich Krieg nicht ausschlossen, aber vorsahen, den Unterlegenen nicht übermäßig zu bestrafen und zu demütigen. Anders gesagt: Der Erste Weltkrieg hatte das europäische Mächtesystem zerstört, ohne ein globales Mächtesystem oder gar eine Weltregierung an seine Stelle zu setzen. Der Bedeutungsverlust Europas als kollektiver Vormacht der Welt wurde weder durch eine amerikanische Hegemonie noch durch den Völkerbund aufgefangen. Das Kernstück des Völkerbundes, die Idee kollektiver Sicherheit und friedlicher Konfliktlösung, erlangte keine praktische Bedeutung, solange jegliche Einschränkung nationaler Souveränität undenkbar blieb und die Großmächte weder gemeinsame Vorstellungen von einer Weltordnung noch den Willen zu gemeinsamem Handeln besaßen. Japans Einmarsch in die Mandschurei 1931, der italienische Angriff gegen Äthiopien 1936 und Deutschlands aggressive Schritte auf seine Nachbarn fanden keine angemessene Antwort. Demgegenüber trat in den Hintergrund, dass der Völkerbund ein Forum für Kooperation und Austausch in der Tradition des Internationalismus des 19. Jahrhunderts war – die Internationale Arbeitsorganisation (ILO) zum Beispiel erwarb sich große Verdienste um die Verbesserung der Arbeitsbedingungen in vielen Ländern – und zugleich das Bewusstsein für alternative weltpolitische Ordnungsformen wachhielt.

Nach Kriegsende bemühte man sich um die Rekonstruktion der Weltwirtschaft der «Belle Époque» vor 1914. Doch die multilaterale, arbeitsteilige Interdependenz der Weltwirtschaft war im Krieg so nachhaltig erschüttert worden, dass sie sich nicht einfach wieder in Gang setzen ließ.[35] Mehrere Strukturprobleme standen einer Rekonstruktion im Wege:

(1) Aufgrund der Kriegskosten und Wiederaufbaulasten sowie im deutschen Fall der Reparationsverpflichtungen waren

alle kriegführenden Staaten hoch verschuldet. Die USA dagegen waren durch den Krieg nicht nur wichtigster Gläubigerstaat und wichtigster Kapitalexporteur geworden, sondern erzielten auch beim Export von Agrar- und Industrieerzeugnissen Überschüsse, während sie gleichzeitig ihre Märkte durch hohe Zölle abschotteten. Den Schuldnern der USA war es daher anders als den Schuldnern Großbritanniens vor 1914 nicht möglich, durch Exporte in das Gläubigerland Geld zur Rückzahlung ihrer Kredite zu verdienen. Bald war die Weltwirtschaft darauf angewiesen, dass beständig amerikanische Dollars als Kredite ins Ausland flossen. Die Kapitalströme erreichten aber nicht mehr das Niveau von vor 1914.[36]

(2) Auf den Weltmärkten herrschte eine nicht zu überwindende Absatzschwäche, und der Welthandel wuchs deutlich langsamer als die Produktion – eine Umkehrung der Verhältnisse des 19. Jahrhunderts. In der Schwerindustrie waren während des Krieges Produktionskapazitäten aufgebaut worden, die nun nicht mehr ausgelastet werden konnten. In der Landwirtschaft sorgten die Ausweitung der Anbaufläche, Mechanisierung und der verstärkte Einsatz künstlicher Dünger für eine seit der Mitte der zwanziger Jahre zunehmende Überproduktion; die Weltmarktpreise verfielen daher zusehends.

(3) Während des Krieges hatten die Regierungen der kriegführenden Staaten de facto die Kontrolle über Produktion, Preise und über die Währung übernommen. Der Staat galt nun als direkt verantwortlich für Wohlstand, Wachstum und den Ausgleich der Interessen. Weltwirtschaftliche Krisenerscheinungen waren nicht nur wesentlich zahlreicher geworden, sondern es wurde auch erwartet, dass der Staat etwas dagegen unternahm. Angesichts solcher immer kostspieligeren Verpflichtungen versuchten politische Eliten überall, die Kosten innenpolitischen Interessenausgleichs zu «exportieren». Überall betrieb man eine «nationale» Wirtschaftspolitik.[37]

(4) Als wichtigster Bestandteil und geradezu als Symbol der Weltwirtschaft des 19. Jahrhunderts galt der Goldstandard. Im Krieg war die Goldbindung aufgegeben worden. Bis Mitte der zwanziger Jahre wurden alle wichtigen Währungen wieder an

das Gold gekoppelt. Seit jedoch allein die USA über hinreichende Goldreserven verfügten, der Welthandel und damit die Deviseneinnahmen schwach blieben und die innenpolitischen Konsequenzen währungspolitischer Entscheidungen immer wichtiger genommen wurden, wirkte der Goldstandard als Krisenmechanismus, als eine «goldene Fessel».[38]

Dass aus dem New Yorker Börsenkrach vom 25. Oktober 1929 rasch eine Weltwirtschaftskrise von bis dahin unvorstellbarem Ausmaß werden konnte, zeigt, dass die Güter- und Kapitalmärkte weiterhin einen globalen Systemzusammenhang bildeten. Die Mechanismen, welche die Krisenerscheinungen nach und nach in alle Volkswirtschaften übertrugen, waren vielfältig.[39] Die wichtigsten waren die Kreditverknappung durch den scharfen Rückgang der amerikanischen Kapitalexporte, Nachfrageausfälle, ein verschärfter Protektionismus und schließlich die durch den Goldstandard erzwungene Deflationspolitik. Versuche, auf internationaler Ebene eine Lösung für die Krise zu finden, scheiterten.

Bedeutete die Wirtschaftskrise ein vorläufiges «Ende der Globalisierung»? Sicher ist, dass grenzüberschreitende Kapitalströme nun fast zum Erliegen kamen. Auch der Welthandel brach zwischen 1929 und 1935 um zwei Drittel ein. Der langsamen Wiederbelebung der Wirtschaftstätigkeit nach etwa 1933 entsprach keine vergleichbare Zunahme des Welthandels. Warenaustausch und Kapitalverkehr waren durch die einzelstaatlich konzipierten Strategien der Krisenbewältigung nun engen politischen Vorgaben unterworfen und damit an politisch konstituierte Interaktionsräume gebunden. Dies gilt gleichermaßen für den auf die Belebung des Binnenmarktes konzentrierten amerikanischen «New Deal», für die deutsche und japanische Politik der Konjunkturbelebung durch Aufrüstung und Aufbau ökonomisch abhängiger Einflusssphären sowie für die Umstellung von weltwirtschaftlicher auf imperiale Verflechtung im britischen und französischen Kolonialreich. Der sogenannte «Regionalismus» der Weltwirtschaft dieser Zeit war das Ergebnis des in der Krise durchgesetzten Primats der Politik über wirtschaftliche Interaktion.

Eine Extremform des Regionalismus war die – jeweils spezifisch motivierte – Autarkiepolitik Deutschlands und Japans in den dreißiger und frühen vierziger Jahren. Die Globalisierungsbedeutung dieser um die *Herauslösung* abhängiger Einflusssphären aus Weltwirtschaft und Weltpolitik bemühten Strategien liegt darin, dass sie zu einem neuen Weltkrieg führten. Dieser beginnt für einige japanische Historiker, die folgerichtig vom «fünfzehnjährigen Krieg» sprechen, bereits 1931 mit der japanischen Besetzung der Mandschurei. Mit ähnlichem Recht kann man auch die japanische Invasion des chinesischen Kernlandes 1937 oder Deutschlands Überfall auf Polen 1939 als Beginn des Krieges ansehen. Erst 1941 mit dem deutschen Angriff auf die UdSSR und dem japanischen auf die USA wurde der Krieg allerdings global. Abermals wie schon 1914–18 blieben die westliche Hemisphäre, Australien und Indien von direkten Kampfhandlungen verschont. Aber neben Europa und Nordafrika waren nun China, Südostasien und der Pazifik Kriegsschauplätze ersten Ranges. Die USA waren als einzige Macht in West wie Ost führend beteiligt: eine Doppelrolle, die sie zur maßgebenden Weltmacht der Nachkriegszeit prädestinierte.[40]

4. Das «Jahrhundert Amerikas»

Aus deutscher und japanischer Sicht mitten im Weltkrieg, aus amerikanischer Perspektive aber noch in Friedenszeiten erklärte der Journalist und Verleger Henry Luce 1941 das 20. Jahrhundert zum «Jahrhundert Amerikas». Dass dies zumindest für die zweite Jahrhunderthälfte eine adäquate Beschreibung werden sollte, ist das Ergebnis zweier Kriege sowie der besonderen Entwicklung von Wirtschaft und Gesellschaft in den USA. Schon 1919 war den USA durch ihre rasche wirtschaftliche Entwicklung und die Selbstentmachtung Europas eine zentrale Stellung in Weltwirtschaft und Weltpolitik zugefallen, ohne dass sie eine Führungsrolle planmäßig angestrebt hätten.[41] Trotz außenpolitischer Zurückhaltung waren die USA während der «Goldenen Zwanziger» vor der Wirtschaftskrise nicht nur durch ihre Kapitalexporte, sondern auch als gesellschaftliches und kulturelles

Vorbild äußerst einflussreich. Menschen in aller Welt sahen in «Amerika» mit Schrecken oder mit Hoffnung das Bild ihrer eigenen Zukunft.[42]

Massenproduktion, Massenkonsum und Massenkultur sind die Schlagworte, mit denen der «Amerikanismus» damals in Verbindung gebracht wurde. Die Fähigkeit der amerikanischen Industrie zur Massenproduktion standardisierter Güter, das «wissenschaftliche Management» Frederick Taylors und die Fließbandproduktion Henry Fords übten in Europa eine große Anziehungskraft aus, versprachen sie doch die Schaffung eines zwischen Arbeitnehmern und Arbeitgebern zu verteilenden Überschusses. Massenkonsum als Motor der Massenproduktion schien die Aussicht auf Wohlstand und sozialen Frieden zu eröffnen.[43] Insbesondere von der Massenmotorisierung erhoffte man sich einen Durchbruch. Das Automobil und die Luftfahrt, zwei Technologien der Raumüberwindung, die durch den Krieg einen großen Schub erhalten hatten, verbreiteten sich in den USA weitaus rascher als in Europa. Umstrittener als «Taylorismus» und «Fordismus» waren soziale und kulturelle Veränderungen, die seit dem frühen 19. Jahrhundert, vor allem aber seit den 1920er Jahren als «Amerikanisierung» bezeichnet wurden. Hierzu gehört beispielsweise eine – durchaus relative – Emanzipation der Frauen, die in Berlin und in Shanghai gleichermaßen zu schockieren vermochte: Für junge Mädchen in China ebenso wie in der Weimarer Republik war das amerikanische «girl» eine Alternative zu hergebrachten Rollenmodellen.

Wesentlich einfacher ließen sich die Produkte der amerikanischen Unterhaltungsindustrie über kulturelle Grenzen hinweg transportieren. In der amerikanischen Einwanderergesellschaft waren Formen der kulturellen Produktion entstanden, die unter Nutzung kulturübergreifend verständlicher Idiome und neuester Technologien der Aufzeichnung und Übertragung von Ton und Bild leicht kommerzialisierbar waren. Die 1895 erfundene Kinematographie hatte sich (zuerst von Frankreich aus) schon vor dem Ersten Weltkrieg innerhalb weniger Jahre nach der Erfindung «laufender Bilder» in alle kulturellen Zentren der Welt ausgebreitet. Nun wurden die Produkte Hollywoods weltweit exportiert. Amerikanischer Jazz erwies sich ebenfalls als ein begehrter Exportartikel und wurde insbesondere in Europa rasch als Anregung aufgenommen – übrigens zur selben Zeit, als die Musik der europäischen Spätromantik erste Anhänger in Japan fand. Die Weltwirtschaftskrise enttäuschte zunächst Hoffnungen, die sich an die Entstehung einer Gesellschaft des Massenkonsums geknüpft hatten, und unter den immer zahlreicheren autoritären Regimen war auch die Weiterverbreitung amerikanischer Kultureinflüsse begrenzt. Dennoch übernahm man selbst im nationalsozialistischen Deutschland viele amerikanische Technologien und Formen von Produktion, Konsum und Unterhaltung.[44] Filmindustrien entstanden nicht nur in Europa, sondern auch in Indien und Japan.

Aber erst der Zweite Weltkrieg machte die USA zum Ausgangspunkt wirtschaftlicher, politischer und kultureller Globalisierungstendenzen der Nachkriegszeit. Dies geschah auf drei Feldern: (1) Seit dem Kriegseintritt 1941 verstanden sich die USA unter Franklin D. Roosevelt als Weltmacht, die aus nationalem Interesse die Weltordnung mitbestimmen musste und strategische oder ökonomische Schlüsselregionen nicht mehr unter die Kontrolle feindlicher Staaten fallen lassen durfte. (2) Der Weltkrieg war ein hochideologischer, auch stark rassistisch aufgeladener Konflikt. Die Programme beider Seiten im Krieg mobilisierten Loyalitäten quer zu nationalen Grenzen: In Asien unterstützten Befreiungsbewegungen teils die vor dem Krieg heftig bekämpften Kolonialherren, teils verweigerten sie die Kooperation, teils stellten sie sich an der Seite Japans gegen die europäischen Kolonisatoren; Kollaborateure und Widerständler – die Grenzen zwischen diesen Kategorien sind fließend – kämpften auf der Seite fremder Streitkräfte gegen die eigene Nation; die deutsche SS rekrutierte quer durch Europa Leute, die man für «nordisch» hielt. Von solchen Grenzverwischungen her führte kein Weg zu einer neuen transnationalen Ordnung. Nur das Programm der siegreichen Alliierten mit den USA an der Spitze setzte sich die Institutionalisierung globaler Verflechtungen durch eine umfassende Erneuerung von Gesellschaft, Wirtschaft und internationalen Beziehungen zum Ziel. (3) Einen entscheidenden Anteil am Sieg der Alliierten hatte das Produktionspotential der amerikanischen Industrie, die Kriegs- und Transportgerät für alle alliierten Streitkräfte lieferte. Für eine direkte militärische Bedrohung unerreichbar, konnte die amerikanische Industrie die Organisation standardisierter Massenproduktion nochmals bedeutend weiterentwickeln. Viele Europäer und Japaner sahen in Rationalisierung, makroökonomischer Steuerung, international integrierter Massenproduktion und Vollbeschäftigung, wie sie die alliierte und insbesondere amerikanische Kriegswirtschaft kennzeichneten, ein Vorbild für die Regeneration von Wirtschaft und Gesellschaft in ihren Teilen der Welt. Das Kriegsende 1945 war in dieser Hinsicht nicht nur deswegen ein globales Datum, weil es den Abschluss eines Weltkrieges bedeutete, der in eine größere Zahl menschlicher Existenzen eingegriffen hatte als jedes frühere Großereignis der Geschichte, sondern auch, weil nach dem Willen der Sieger nun eine neue Weltordnung geschaffen werden sollte. Ergebnis der Erfahrung von Weltkrise und Weltkrieg war ein vor allem von den USA aus betriebenes globales Modernisierungsprogramm.

VI. 1945 bis Mitte der 1970er Jahre: Die halbierte Globalisierung

1. Räume des Politischen: Machtblöcke, Nationalstaaten und transnationale Bewegungen

Die zweite Nachkriegszeit des 20. Jahrhunderts, die in Frankreich als die «30 glorreichen Jahre» und in der angelsächsischen Welt als «Goldenes Zeitalter» bezeichnet wird, unterschied sich fundamental von der ersten. Sie brachte die umfassendsten Transformationen von Wirtschaft, Gesellschaft und Kultur mit sich, die sich jemals im Zeitraum weniger Jahrzehnte ereignet hatten. Mit diesem Transformationsschub einher gingen der Aufbau zahlreicher neuer Verflechtungen, die Institutionalisierung überstaatlicher Interaktionsräume und die Homogenisierung der Formen von Produktion und politischer Organisation auf der Welt. Historiker haben Parallelen zur Globalisierung der Gegenwart dennoch eher in der Zeit vor dem Ersten Weltkrieg als nach 1945 gesucht und betont, dass sich im Laufe der siebziger Jahre Strukturen und Denkmuster der Nachkriegszeit aufzulösen begannen. Die Nachkriegszeit war weniger von Globalität geprägt als von einer Vielzahl sich überlagernder Handlungsräume und Handlungsketten von überstaatlicher Ausdehnung, aber weniger als globaler Reichweite. Diese waren in ihrer großen Mehrzahl Resultate *politischer* Entscheidungen über die zulässige Reichweite und Intensität übernationaler Verflechtungen.

Die wichtigste politische Struktur der Nachkriegszeit war in den Planungen der Alliierten gar nicht vorgesehen: die Teilung der Welt in zwei ideologisch und machtpolitisch konkurrierende Blöcke.[1] Diese Blockbildung prägte die Form internationaler, transnationaler und weltweiter Verflechtungen sowie die Struktur wirtschaftlicher und politischer Interaktionsräume. Durch den Zusammenbruch Deutschlands und Japans waren große geopolitische Machtvakuen entstanden. Die USA und die UdSSR hatten einen deutlichen Machtvorsprung gegenüber allen anderen Staaten erlangt. Ihre jeweiligen politisch-ideologischen Vorstellungen divergierten scharf. Und es waren drängende Probleme des Wiederaufbaus und politischen Neuanfangs zu lösen, die weder aufgeschoben noch kooperativ geregelt werden konnten. So entstand in den Jahren 1945–50 eine bipolare geopolitische Struktur: Europa wurde durch den «Eisernen Vorhang» geteilt, in China setzten sich die Kommunisten Mao Zedongs durch. Im Koreakrieg von 1950–53 (im Kern war es ein Krieg zwischen den USA und der Volksrepublik China), der nach hohen Verlusten auf beiden Seiten mit der Bekräftigung des *status quo* endete, wurde schließlich eine Pattsituation erreicht. Beide «Supermächte» verfügten inzwischen über Nuklearwaffen, deren Einsatz auf dem Schlachtfeld oder gegen die Städte des Gegners zentraler Bestandteil der jeweiligen Militärstrategie war. Erst in der Doppelkrise um Berlin und Kuba

(1958–62), während der ernsthaft der atomare Erstschlag erwogen wurde, wurde Koexistenz auf der Grundlage gegenseitiger Abschreckung zum internationalen Normalzustand.[2] Abschreckung war «unteilbar», also global: Ihre Instrumente waren Interkontinentalraketen, radar- und satellitengestützte Luftraumüberwachung und unter der Wasseroberfläche die Erde umkreisende, raketenbewaffnete Atom-U-Boote; ihr inhaltlicher Kern bestand in der Drohung mit der Auslöschung des Lebens auf der Erde.

Dass eine direkte militärische Auseinandersetzung der Supermächte nunmehr nur noch im Falle einer existentiellen Bedrohung (oder durch einen Fehler der Frühwarnsysteme) zu erwarten war, begünstigte allerdings letztlich die Erosion innerhalb der Blöcke. Die «Dominotheorie» beschrieb den Albtraum der amerikanischen Führung, dass ein Klientelregime nach dem anderen kommunistisch unterwandert werden würde; die USA sahen sich aus diesem Grunde veranlasst, das antikommunistische Südvietnam militärisch gegen den kommunistischen Norden zu verteidigen. Ein Anzeichen für die Erosion der Blöcke war, dass die USA trotz der von der Dominotheorie inspirierten Beteuerung, Berlin werde letztlich «am Mekong» verteidigt, kaum Unterstützung bei ihren Verbündeten fanden. Daher setzte die US-Regierung gegen Ende der sechziger Jahre auf eine am Mächtesystem des 19. Jahrhunderts orientierte Multipolarität anstelle des bipolaren Systems und bemühte sich, in China ein Gegengewicht zur UdSSR zu finden.

Die Blockbildung wirkte auf die anderen Ebenen politischer Organisation zurück. Der sowjetische Einflussbereich war primär eine militärische Sicherheitszone. Hier wurde nach und nach überall das stalinistische Gesellschafts- und Wirtschaftssystem durchgesetzt. Zwischen der Sowjetunion und ihren Verbündeten entwickelte sich ein traditionelles Hegemonialverhältnis, das die Strukturdefizite der UdSSR als lediglich militärisch konkurrenzfähiger «incomplete superpower» widerspiegelte.[3] Eine Sonderrolle spielten China und Jugoslawien, die sich aus dem Bündnis mit der UdSSR lösten, aber am Kommunismus festhielten. Während Jugoslawien Kontakte in alle Welt pflegte, schottete China sich in den sechziger Jahren weitgehend von der Außenwelt ab.

Auf westlicher Seite waren die Konsequenzen der Blockbildung weitaus komplexer, denn die USA mochten sich nicht mit der Einrichtung einer Sicherheitszone begnügen. Sie verfolgten das dreifache Ziel der Eindämmung des Kommunismus, der Absicherung und Institutionalisierung einer offenen, kapitalistischen Weltwirtschaft und der Befriedung Westeuropas, sprich der Einbindung (West-) Deutschlands. Einziges denkbares Mittel zu diesem Zweck war die Koordination ökonomisch prosperierender, politisch stabiler Nationalstaaten. Dieses umfassende Programm wirkte, global betrachtet, desintegrierend, denn es stellte die interne Reorganisation des «Westens» über den Kompromiss mit der UdSSR und förderte so die Blockbildung; zugleich jedoch löste es einen regionalen Integrationsschub innerhalb des westlichen Blocks aus.[4] Allein der Bereich der Verteidigung wurde unter der Führung der USA hegemonial organisiert. Ansonsten entwickelte sich ein assoziativer Multilateralismus, in dem den Nationalstaaten ein erheblicher Handlungsspielraum blieb. Dies zeigt sich insbesondere am von den USA geförderten, jedoch von den Europäern gestalteten Prozess der europäischen Integration. Mit der Kohle- und Stahlgemeinschaft (1952) und der Europäischen Wirtschaftsgemeinschaft (1957) entstand durch die Abtretung von Teilbereichen nationaler Souveränität an überstaatliche («supranationale») Organe eine ganz neue, sich beständig weiterentwickelnde Form der politischen Organisation im Übergang zwischen Staatenbund und Bundesstaat.[5] Im Rahmen des Europarates waren Grund- und Menschenrechte erstmals vor einem übernationalen Gericht einklagbar. Daneben gehörten die Staaten des westlichen Blocks zahlreichen Organisationen vornehmlich wirtschaftlicher Zielsetzung an, die Kooperation institutionalisierten und so zwar nicht die rechtliche Souveränität der nationalen Regierungen, wohl aber ihre faktische Autonomie beschränkten.

Dieser Multilateralismus und insbesondere die europäische Integration sind als Prozesse der Einschränkung nationalstaatlicher Macht beschrieben worden, und viele der Vorkämpfer der europäischen Idee sahen in der Tat das Aufgehen der Nationen in den «Vereinigten Staaten von Europa» als Ziel der Integration. Doch die europäische Einigung war auch ein von den europäischen Nationalstaaten aus eigenem Interesse verfolgtes Projekt. Möglicherweise war die wirtschaftliche und politische Kooperation im Rahmen der europäischen Strukturen sogar die Voraussetzung für den Fortbestand des Nationalstaatsmodells.[6] Der neue europäische Nationalstaat in seiner «Reifephase» beruhte auf einem breiten Konsens darüber, dass sich (1) die reine Lehre des wirtschaftlichen Liberalismus in der Wirtschaftskrise diskreditiert hatte und die Ambitionen des machtstaatlichen Nationalismus im Zweiten Weltkrieg endgültig gescheitert waren, und dass (2) «der Westen» gegen die Bedrohung seitens des «Sowjetimperiums» zusammenzuhalten hatte. Gegenwärtige Ängste und historische Erfahrungen ermöglichten binnen- und zwischenstaatliche Kompromisse, die den wiedererstarkten europäischen Nationalstaat zu einem Forum der Vermittlung zwischen den Erfordernissen innergesellschaftlicher Stabilität und internationaler Einbettung machten. Nur auf dieser Grundlage konnten die zahlreichen multilateralen wirtschaftlichen und politischen Verflechtungen der Nachkriegszeit entstehen, die Theoretiker von einer «postinternationalen Politik» sprechen lassen.[7]

Der europäische Nationalstaat war auch ein post-imperialer Staat. Die Kolonialreiche der Siegermächte überstanden das Kriegsende nicht lange. Großbritannien entließ bereits 1947 Indien und Pakistan in die Unabhängigkeit, nachdem deutlich geworden war, dass seine durch den Krieg ohnehin überbeanspruchten Ressourcen nicht ausreichten, neben Großmachtstatus und Wohlfahrtsstaat auch noch die militärische Sicherung der Herrschaft in Asien zu bestreiten. Burma und Ceylon folgten bald darauf, und auch die Niederlande gaben ihr indonesisches Kolonialreich auf. Mit der Verschärfung des Kalten Krieges begannen die USA, die den Kolonialismus bislang abgelehnt hatten, europäische Kolonialherrschaft als Bollwerk gegen den Kommunismus sowie koloniale Märkte als zentral für die wirtschaftliche Stabilisierung der europäischen Verbündeten anzusehen. Deshalb unterstützten sie den Krieg der Franzosen in Indochina gegen die dortige nationalkommunistische Unabhängigkeitsbewegung. Diese Strategie scheiterte mit der französischen Niederlage 1954 bei Dien Bien Phu, die die Teilung Vietnams und den Abzug der Franzosen aus Asien brachte. Die imperiale Ordnung und diejenige des Kalten Krieges waren nur kurzfristig zur Deckung gekommen. In der Suezkrise 1956 beendeten die USA und die UdSSR *gemeinsam* die französisch-britisch-israelische Intervention gegen Ägypten, das auf seiner Unabhängigkeit und einer regionalen Führungsrolle beharrte. Den USA ging es nun darum, ihre Verbündeten daran zu hindern, für die Verteidigung in Europa benötigte Ressourcen in Kolonialkriegen zu verschwenden und Befreiungsbewegungen in aller Welt in die Arme des Kommunismus zu treiben. Sie unterstützten die Dekolonisation und gewährten Wirtschaftshilfe für diejenigen neuen Staaten, die sich auf die «richtige» Seite stellten. Im Schatten der Suezkrise und des Algerienkrieges (1954–1962) hatten sich die Erfolgsaussichten kolonialer Unabhängigkeitsbewegungen dramatisch verbessert. Zu Beginn der sechziger Jahre brachen die Kolonialreiche bis auf wenige Reste rasch zusammen.

Der Rückzug der Kolonialherren brachte keine Rückkehr zum *status quo ante* lokaler politischer Institutionen, Wirtschaftsweisen und Kulturmuster, sondern führte zur Entstehung von in Weltwirtschaft und Weltpolitik eingebundenen Nationalstaaten: 1950 gab es 81 Staaten auf der Erde, 1960 90 und 1970 bereits 134. Der größte Teil dieser neuen Staaten besaß nicht die Voraussetzungen, die Rolle des souveränen Nationalstaats auch auszufüllen. Dies ist ein Grund dafür, dass sich unter den Bedingungen von Dekolonisation und Kaltem Krieg eine zweifelhafte politische Innovation des 20. Jahrhunderts, die Militärdiktatur, rasch verbreitete. Die neuen Staaten hatten eine Reihe gemeinsamer Anliegen, vor allem die Überwindung von «Unterentwicklung» und den Versuch, die Vereinnahmung durch die weltpolitischen Machtblöcke zu verhindern. Dies äußerte sich in der Bewegung der blockfreien Staaten, im Bemühen um afro-asiatische Solidarität und in der Forderung nach Entwicklungshilfe und einer gerechteren Weltordnung. Doch die «Dritte Welt» war auch von Interessengegensätzen gespalten; zugleich verstärkte die bittere Erfahrung, dass politische Souveränität keineswegs wirkliche Autonomie mit sich brachte und insbesondere die wirtschaftliche Abhängigkeit von der «Ersten Welt» fortbestand, die Neigung zu autarkie- und souveränitätsbetonter Politik. Die Dritte Welt wurde *kein* Raum übernationaler politischer Verflechtung und Kooperation.

Ihre Stimme konnten die nichteuropäischen Staaten vor allem im Rahmen der UNO zu Geltung bringen, wo sie bald die Mehrheit stellten. Die UNO war 1946 in San Francisco von 50 Staaten als Nachfolgeorganisation des Völkerbundes gegründet worden.[8] Ursprünglich sollte sie die zentrale Instanz einer partiell verrechtlichten, von den Großmächten gemeinsam gestalteten Nachkriegsordnung werden. Die Blockbildung vereitelte dies. Infolge der Boykottpolitik der UdSSR wurde die UNO zeitweise zu einem fast ausschließlich westlichen Forum. Ende der fünfziger Jahre gelang es dann den Staaten des «globalen Südens», den Kampf gegen Kolonialismus und Unterentwicklung zu einem zentralen Thema der UN-Debatten zu machen und so in das Bewusstsein der Weltöffentlichkeit zu heben. Die Stellungnahmen der UNO-Generalversammlungen trugen erheblich dazu bei, die französische Kolonialherrschaft in Algerien zu diskreditieren – auch bei Frankreichs Verbündeten.[9]

Die UNO institutionalisierte Prinzipien wie das Konzept nationaler Selbstbestimmung und Souveränität und den Gedanken unveräußerlicher Grund- und Menschenrechte. Diese – einander potentiell widersprechenden – Prinzipien standen nun weltweit als argumentative Ressourcen zur Verfügung. Zunehmend wurde im Rahmen der UNO festgelegt, was nationalstaatliche Souveränität an Rechten und Pflichten implizierte; unter den Bedingungen der Blockbildung war die Definition solcher Rechte und Pflichten allerdings primär ein Mittel der Propaganda, und ihre Einhaltung wurde stets mit zweierlei Maß gemessen.

Transnationale politische Solidaritäten spielten nach dem

Zweiten Weltkrieg weiterhin eine wichtige Rolle. Die Gemeinsamkeit innerhalb der Blöcke des Kalten Krieges, der antikoloniale Freiheitskampf und schließlich die Protestbewegungen Ende der sechziger Jahre sorgten dafür, dass nationenübergreifende politische Räume entstanden, die «Innenpolitik» der Nationalstaaten immer stärker von übernationalen Themen und Konjunkturen bestimmt wurde und politische Anliegen sich weltweit vereinheitlichten. Während das transnationale antikommunistische Intellektuellenmilieu der fünfziger Jahre und die Solidarität in der antikolonialen Bewegung noch Elitenphänomene innerhalb eines übernationalen Diskursraums waren, verbreiterten die vornehmlich studentischen Protestbewegungen der sechziger Jahre die gesellschaftliche Basis transnationaler Politisierung erheblich. Auch hier wird der im Kalten Krieg besonders enge Zusammenhang internationaler und innergesellschaftlicher Transformationen deutlich. Verständlich werden die Anliegen der Protestbewegung allerdings erst, wenn man auch die wirtschaftlichen und soziokulturellen Transformationen der Jahre seit dem Zweiten Weltkrieg mit betrachtet.

2. Institutionen der Weltwirtschaft

Von 1948 bis 1958 wuchs die Weltwirtschaft jedes Jahr um durchschnittlich 5,1 %, während der Jahre 1958–1970 sogar um 6,6 %. Zugleich nahm der Welthandel (wie zuletzt vor 1914) rascher zu als die Produktion; 6,2 % und 8,3 % lauten die entsprechenden Durchschnittswerte.[10] Der «Große Boom» war in vielfacher Hinsicht auch ein Globalisierungsschub, denn er intensivierte interkontinentale Bewegungen von Kapital, Gütern und Menschen und war eng verknüpft mit der institutionellen Einrahmung der Weltwirtschaft.

Der politischen Weltordnung der UNO sollte nach den Vorstellungen der Kriegsalliierten eine neue wirtschaftliche Weltordnung gegenüberstehen. 1944 einigten sie sich auf der Konferenz von Bretton Woods auf die Grundzüge eines rechtlichen und institutionellen Rahmens für eine freie Weltwirtschaft. Dieser sollte vor allem verhindern, dass – wie in der Zwischenkriegszeit – wirtschaftliche Probleme in erster Linie unilateral durch Beschränkungen des Waren- und Kapitalverkehrs bekämpft würden, und musste daher dafür sorgen, dass internationale Kooperation auf diesen Gebieten mit einer auf Vollbeschäftigung gerichteten Politik vereinbar blieb. Zu diesem Zweck wurden Institutionen geschaffen, die die ökonomische Globalisierung bis heute formen: Die Weltbank (eigentlich: Internationale Bank für Wiederaufbau und Entwicklung, IBRD) sollte Kredite für Wiederaufbau und längerfristige ökonomische Modernisierung bereitstellen, der Internationale Währungsfonds (IWF) ein System fester Wechselkurse schaffen und den Mitgliedsstaaten über kurzfristige Zahlungsbilanzprobleme hinweghelfen und das General Agreement on Tariffs and Trade (GATT) ein Forum für Verhandlungen über umfassende Zollsenkungen bieten. Die USA erließen ihren Verbündeten anders als nach dem Ersten Weltkrieg die Schulden, erwarteten aber, dass in den dreißiger Jahren errichtete Schutzzollsysteme, vor allem die britischen Empire-Zölle, zugunsten eines freien Welthandels aufgegeben würden.

Die wirtschaftliche Nachkriegsplanung scheiterte noch schneller als die politische. Dennoch entstand innerhalb des Westens (d. h. in Nordamerika und Westeuropa, Japan und Australien) ein neuer Raum ökonomischer Multilateralität. Im Einzelnen ist dabei Folgendes von Interesse:

(1) Wieder verhinderten die kriegsbedingte wirtschaftliche Zerrüttung Europas und die übermächtige Stellung der USA, dass sich von selbst eine neue weltwirtschaftliche Arbeitsteilung einstellte. Im Kontext der sich entwickelnden Konfrontation mit der UdSSR entschieden sich die USA aber 1947, die Kosten eines groß angelegten Wiederaufbauprogramms zu tragen, auch wenn dies weitaus teurer werden würde als ursprünglich veranschlagt und die Zurückstellung der Prinzipien von Bretton Woods bedeutete. Der daraus resultierende Marshallplan half den Europäern, Wiederaufbau und sozial stabilisierend wirkenden Konsum zu finanzieren, und (was vielleicht noch wichtiger war) zwang sie zur Kooperation untereinander.[11] Auch die «freien Völker» anderswo auf der Welt erhielten amerikanische Hilfe.

(2) Obwohl die Institutionen von Bretton Woods in einem strengen Sinne nie wie geplant funktioniert haben, bildeten die dort akzeptierten Prinzipien den Bezugspunkt wirtschaftspolitischen Handelns und die Grundlage eines immer lebhafteren wirtschaftlichen Austauschs im «Westen». Die Annäherung an diese Prinzipien erfolgte allerdings schrittweise und unvollkommen. Währungskonvertibilität und Handelsliberalisierung wurden verlangsamt, wo immer einzelne Staaten dies aus Gründen innenpolitischer Stabilität und wirtschaftspolitischer Gestaltungsfreiheit für nötig hielten. Oftmals trat wie mit der Europäischen Zahlungsunion oder der Europäischen Wirtschaftsgemeinschaft eine partielle Liberalisierung im kleineren Rahmen an die Stelle der strikten Umsetzung der Bretton-Woods-Prinzipien. Reichweite wie Intensität von Handels- und Kapitalbeziehungen blieben so hinter dem Niveau von 1913 zurück. Strukturen weltwirtschaftlicher Arbeitsteilung konnten beispielsweise in Bereichen, die von der protektionistischen Agrarpolitik der EWG erfasst waren, nicht entstehen.

(3) Unter den Bedingungen des Kalten Krieges hielten sich die politischen Eliten des Westens für aufeinander angewiesen; die grundsätzliche Einordnung in das von den USA dominierte System stand dabei genauso wenig in Frage wie die Bereitschaft der USA zu Kompromissen. Gleiches traf auf die binnenstaatliche politische Dynamik zu, wo verteilungspolitische Forderungen angesichts der «Systemkonkurrenz» nun leichter durchsetzbar waren. Insgesamt erhöhte dies die Akzeptanz auch der bestehenden weltwirtschaftlichen Arrangements. Dies galt zumindest für das prosperierende Europa. Auch das Bretton-Woods-System hatte aber seine mehr oder minder gewaltsam integrierte Peripherie, die von den USA unterstützten, teils durch militärische Intervention etablierten Autokratien und Militärdiktaturen in Lateinamerika und Asien.

(4) Grundlegend war schließlich das allgemein optimistische Klima einer Zeit, in der der bloße Wiederaufbau bald in ein bislang ungekanntes Wachstum überging. Die Ende der fünfziger Jahre erstmals seit langem negative Handels- und Zahlungsbilanz der USA illustriert das Aufholen der Europäer und ist ein

Anzeichen weltwirtschaftlicher Normalisierung. Auch dieses Wachstum hat die internationale Wirtschaftsordnung legitimiert. Zugleich waren die Wachstumskräfte – vom Marshallplan über den zunehmenden Handel und Technologietransfer bis zu den Mechanismen des Zahlungsausgleichs – zu einem wesentlichen Teil selbst weltwirtschaftlicher Natur.

Die – gewollte – Dynamik weltwirtschaftlicher Vernetzung brachte allerdings (im Verein mit dem kostspieligen weltpolitischen Engagement der USA) bald das Scheitern des Systems von Bretton Woods mit sich. Bereits in dem Moment, als 1961 mit der freien Konvertibilität der wesentlichen Währungen ein zentraler Bestandteil der Ordnung von Bretton Woods verwirklicht war, geriet der amerikanische Dollar unter Druck: Sein Wert ließ sich nur durch eine Reihe von Notmaßnahmen wie Kapitalkontrollen, Interventionen seitens der europäischen Zentralbanken und Handelsbeschränkungen halten. Vor die Wahl gestellt, entweder die Ausgaben zu beschränken oder die Verteidigung des Dollarkurses aufzugeben, entschied sich die Regierung Nixon 1971 für Letzteres und löste den Dollar vom Gold. Die Währungsparitäten wurden nun in internationalen Verhandlungen neu festgesetzt, bald darauf aber ganz freigegeben.

Die Grundprinzipien von Bretton Woods waren (1) feste Wechselkurse, (2) freier Waren- und Kapitalverkehr und (3) nationale wirtschaftspolitische Handlungsfreiheit. Alle drei waren im Grunde nicht miteinander zu vereinbaren. Das System scheiterte letztlich an seinen *inneren* Widersprüchen. Dass diese offen zutage traten, lag an «Löchern im System», die eine Globalisierung außerhalb der staatlich institutionalisierten Kanäle zuließen, insbesondere dem privaten Markt für Gold, auf dem gegen den Dollar spekuliert wurde, und dem sogenannten Eurodollar-Markt. Dabei handelte es sich um bei Geschäften außerhalb der USA verdiente Dollars, die bei europäischen (vor allem Londoner) Banken deponiert und von ihnen ausgeliehen wurden. Dieses Kapital entzog sich staatlichen Bemühungen, Zins, Geldmenge und den Umfang des Kapitalverkehrs zu kontrollieren; hier liegen die Ursprünge der unregulierten Kapitalmärkte der Gegenwart.

Die meisten anderen Kanäle weltwirtschaftlicher Vernetzung blieben strikter staatlicher Regulierung unterworfen. Am ehesten mit der Entwicklung der Kapitalmärkte vergleichbar ist diejenige der Schifffahrt, die in Billigflaggenländern – trotz der viel greifbareren Natur des Geschäfts – eine ähnlich unregulierte Operationsbasis für weltumspannende Tätigkeit fand.[12] Aber auch die Schifffahrt war nur ein Teil zunehmend perfekter integrierter Land-See-Systeme, die durch Innovationen wie Pipelines und Container immer effizienter wurden, dadurch aber auch territorial verankert blieben. Viel deutlicher zeigte sich staatliche Reglementierung in der Luftfahrt. Diese nahm in den fünfziger Jahren und insbesondere nach der Indienststellung der ersten kommerziell erfolgreichen Düsenmaschinen (1958: Boeing 707) einen raschen Aufschwung. Die transkontinentale Flugreise veralltäglichte sich, und es entstand ein globales System von Flughäfen und Flugsicherungsdiensten. Luftfahrtgesellschaften waren aber – meist bis in die 1990er Jahre – keine nach marktwirtschaftlichen Prinzipien geführten Unternehmungen, sondern oft hoch subventionierte nationale Prestigeprojekte, die auf abgeschotteten Märkten operierten. Ebenso offensichtlich ist der staatliche Einfluss im Bereich der Infrastruktur von Post und Telekommunikation, wo bis in die 1990er Jahre staatliche Unternehmen eine annähernde Monopolstellung genossen.

Selbst in der Tätigkeit multinationaler Konzerne spiegelt sich die Gestaltungsmacht der Staaten. Private Firmen gehören zu den erfolgreichsten und stabilsten grenzübergreifenden Organisationen. Die Entstehung der Weltwirtschaft im 19. Jahrhundert war im Wesentlichen das Ergebnis privatwirtschaftlicher Tätigkeit. Bereits damals waren die ersten multinationalen Konzerne entstanden, in denen die Produktion vertikal, d. h. von der Rohstofferzeugung bis zur Vermarktung der Endprodukte, integriert war. Daneben gab es einen zweiten Typus multinationaler Konzerne, der auf den Protektionismus seit den 1880er Jahren zurückging: Um Zollmauern überspringen und direkt auf geschützten Märkten produzieren zu können, gründeten Unternehmen Zweigwerke im Ausland, die als verkleinerte Kopien der Mutterfirma deren technologisches und organisatorisches

Know-how ausnutzten. Verständlicherweise florierte dieser Typus internationaler Unternehmenstätigkeit im Klima ökonomischer Fragmentierung der Zwischenkriegszeit, blieb aber auch nach 1945 dominant. Zunächst war es die Tatsache, dass sich die Europäer anfangs keine in Dollar zu bezahlenden Importe leisten konnten, und später die Außenzölle des «Gemeinsamen Marktes», die amerikanischen Unternehmen einen Anreiz zum Aufbau von Produktionsstätten in Europa boten. Erst gegen Ende der 1960er Jahre bauten auch europäische und japanische Firmen vergleichbare Strukturen auf. Die Tätigkeit multinationaler Konzerne wurde also von Zoll- und Transferbestimmungen geprägt. Gleichzeitig konnten multinationale Konzerne sich aber durch die Internalisierung von Waren- und Geldströmen einen erheblichen Handlungsspielraum verschaffen, und die Auslandsprofite amerikanischer multinationaler Konzerne waren Ursprung der Eurodollar-Märkte.[13] Natürlich hatten multinationale Konzerne auch direkten Einfluss auf politische Entscheidungen in kleineren, ärmeren Staaten, deren gesamte Wirtschaftsleistung hinter derjenigen größerer Konzerne zurückblieb. Die multinationalen Konzerne der Gegenwart, die globale Produktionsnetze organisieren, in denen einzelne Produktionsschritte auf die jeweils kostengünstigsten Standorte verteilt werden, sind aber ein Produkt der Liberalisierung der Waren- und Kapitalmärkte seit den 1970er Jahren.

Schifffahrt, Handel, Telekommunikation, Flugverkehr und die Tätigkeit internationaler Konzerne knüpften globale Netze, die über die Welt von Bretton Woods hinausreichten und die Dritte Welt und den sowjetischen Machtbereich mit einbezogen, nicht allerdings China, das einen Kurs extremer ökonomischer, politischer und kultureller Autarkie verfolgte. Dennoch war die Intensität ökonomischer Verflechtungen in der «Zweiten Welt» des Kommunismus und der «Dritten» der postkolonialen Staaten vergleichsweise gering. Voll in die Weltwirtschaft integriert waren vor allem die Ölstaaten des Nahen und Mittleren Ostens. Ihr Anteil an der Weltölförderung wuchs, je mehr das Erdöl durch den Niedergang der Kohle und den Aufstieg des Automobils zu einer für die entwickelte Welt unentbehrlichen Ressource wurde.[14] Ansonsten herrschte außerhalb des «Westens» eine Wirtschaftspolitik vor, die sich am sowjetischen Modell der Zwischenkriegszeit orientierte, der raschen Industrialisierung unter den Bedingungen zentraler Wirtschaftslenkung und nur sehr selektiver Anbindung an die Weltwirtschaft. In der kommunistischen Welt, die wirtschaftlich im Rat für gegenseitige Wirtschaftshilfe (RGW) zusammengeschlossen war, blieb es bis Mitte der 1960er Jahre, als der «Transferrubel» und eine Bank für Zahlungsausgleich eingeführt wurden, beim rein bilateralen Handelsverkehr. Der Versuch, im Rahmen des RGW die Wirtschaftspläne aufeinander abzustimmen und eine Arbeitsteilung zwischen den Volkswirtschaften zu organisieren, scheiterte Mitte der 1950er Jahre am Widerstand mehrerer Staaten, die sich ihre ökonomische Spezialisierung nicht vorschreiben lassen wollten.

Auch die Staaten der Dritten Welt verfolgten in ihrer Mehrzahl eine Strategie der Industrialisierung durch Abkoppelung von einer Weltwirtschaft, die man für Unterentwicklung verantwortlich machte. Der Weltmarkt erschien als Synonym für unberechenbare Nachfrageschwankungen, erdrückende Konkurrenz und finanzielle Abhängigkeit. Zentral gelenkte Industrialisierung durch die Konzentration von Ressourcen auf Schlüsselindustrien und «Importsubstitution» (also die Verdrängung von Einfuhren durch einheimische Produktion) sollte eine rasche Entwicklung bringen; die Unterbindung unregulierter übernationaler Verflechtungen war dafür essentiell. Auch die seit den 1950er Jahren gezahlte Entwicklungshilfe fügt sich in diesen Rahmen ein; sie zählt ebenfalls zu den Kompromissen des Kalten Krieges. Während die importsubstituierende Industrialisierung in Lateinamerika und in Indien nach anfänglichem Erfolg an die Grenzen enger Binnenmärkte und klientelpolitischer oder bürokratischer Rigidität stieß, hatte die ostasiatische Variante größere Erfolge zu verzeichnen. Hier orientierte man sich an Friedrich Lists fast anderthalb Jahrhunderte altem Konzept der «Erziehungszölle» und zog systematisch weltmarktfähige Industrien heran, die rasch zum Exportieren gedrängt wurden.[15] Dies war eine Imitation Japans, dem in den späten sechziger Jahren endgültig der Aufstieg zur Industriemacht ersten Ranges gelang. Zarte Anzeichen einer vergleichbaren Entwicklung in Taiwan und Südkorea, Hongkong und Singapur waren zu dieser Zeit bereits erkennbar. Nur hier gelang es, Wirtschaftswachstum auch in ein stabiles Wachstum des Pro-Kopf-Einkommens umzusetzen. Anderswo in der Dritten Welt zehrte das Bevölkerungswachstum das Wachstum der Wirtschaft im Wesentlichen auf.

3. Soziokulturelle Globalisierung?

In den Gesellschaftstheorien der fünfziger Jahre setzte sich das Bild einer sich im Modernisierungsprozess zusehends integrierenden und homogenisierenden Welt durch. Man unterschied traditionale, nichtindustrielle *Gemeinschaften* von modernen, industrialisierten, komplex ausdifferenzierten *Gesellschaften* und postulierte einen Normalweg sozialer Entwicklung, der von dem einen Zustand zum anderen führte und damit letztlich zu einer weltweiten Moderne. Arme, nicht industrialisierte Gesellschaften wurden nun als «Entwicklungsländer» beschrieben, die noch einige Stadien auf dem vorgegebenen Pfad zum National- und Industriestaat zu durchschreiten hatten. In entwickelten Gesellschaften schienen wirtschaftliches Wachstum, Bürokratisierung und eine immer komplexere Sozialorganisation Trends zu sein, die sich unabhängig von Weltanschauungen und vom konkreten Gesellschaftssystem durchsetzten, weshalb bald das «Ende der Ideologie» und die Konvergenz der Systeme verkündet wurden.[16]

Die gesellschaftliche Entwicklung der 1950er Jahre war jedoch zunächst eher von Entflechtung als von Globalisierung geprägt. Ergebnis der Bevölkerungsverschiebungen der Nachkriegszeit war eine ethnische Entmischung, in Mitteleuropa ebenso wie in Israel oder in Britisch-Indien, von dem mit der Unabhängigkeit überhastet das islamische Pakistan abgespalten wurde. In Europa waren die Gesellschaften nun homogener als jemals zuvor in der Neuzeit.[17] Die weite Welt war im Alltag vor allem durch geostrategische Ängste vor «dem Russen» oder einem nuklearen Krieg präsent; für Auslandsreisen fehlte es an Geld; kleinräumige Alltagsprobleme bestimmten den Horizont der meisten Menschen. Dies änderte sich auch durch die Entwicklung von Massenkonsum und Massenmedien nur langsam. Zwar ist die Entfaltung der Konsumgesellschaft im Europa der fünfziger Jahre von Anfang an als eine kulturelle Amerikanisierung beschrieben worden, und in der Tat bedeutete Wohlstand zunächst einmal den Erwerb der in den USA bereits gängigen Konsumgüter Automobil, Kühlschrank und Fernsehapparat. Dies blieb aber durchaus mit einer distanzierten Haltung gegenüber gesellschaftlicher Amerikanisierung vereinbar, und auch europäische Fernsehprogramme der fünfziger Jahre lassen sich kaum als amerikanisch orientiert beschreiben.[18] Massenkonsum und Massenmedien wirkten trotz der offenkundigen Vorreiterrolle und Vorbildfunktion der USA zunächst einmal auf der *nationalen* Ebene integrierend. Nur in abgegrenzten Milieus pflegte man den demonstrativen Konsum der Produkte der amerikanischen Unterhaltungsindustrie – zunächst des Jazz, dann bestimmter Filme und schließlich des Rock 'n' Roll – zum Zweck der Distanzierung von etablierten Normen und der Behauptung subkultureller Identitäten.[19]

Seit den 1960er Jahren waren dann eine ganze Reihe miteinander verknüpfter soziokultureller Globalisierungstendenzen zu verzeichnen. Zunächst einmal erhöhte sich die Frequenz persönlicher Begegnung zwischen Menschen aus verschiedenen Kontinenten. Das europäische Wirtschaftswunder führte erst zur Vollbeschäftigung und dann zur Anwerbung ausländischer Arbeitskräfte. Während der Auflösung der Kolonialreiche wanderten zahlreiche Menschen aus den Kolonien in die Mutterländer – eine Umkehrung der Wanderungsströme, die über Jahrhunderte hinweg von Europa weggeflossen waren. Europäische Großstädte wurden zu multikulturellen Metropolen, die mit ihrem Umland, den Herkunftsländern von Immigranten und den Zentren der Weltwirtschaft enger verflochten waren als mit dem Staatsgebiet, in dem sie lagen.[20] Anderswo auf der Welt entstanden ähnliche Megastädte; nur in der kommunistischen Welt begrenzten effiziente Einschränkungen der Bewegungsfreiheit und die Abkopplung von der Weltwirtschaft die Globalisierungserfahrungen.

Die immer wohlhabenderen Europäer verbrachten ihren Urlaub vermehrt im nahen Ausland und ließen sich von Charterflügen bald in weiter entfernte Ferienparadiese bringen. Das Potential des Pauschalurlaubs als Forum der Kulturbegegnung war begrenzt, zugleich integrierte die Ferienindustrie eine Reihe von Regionen in die Weltwirtschaft. Rund um die industrialisierten Regionen der Erde entwickelten sich «Vergnügungsperipherien», wo bald Arbeitsplätze und Steueraufkommen von den Touristenströmen abhingen. Deren Aufrechterhaltung wurde zum zentralen Kriterium außenpolitischer Orientierung und bestimmte auch den sozialen Habitus der sich als heile Welten abseits der Moderne stilisierenden Touristenziele; vielfach wurde dabei ein vermeintlich traditionelles Lokalkolorit unter Orientierung am – vermuteten – Geschmack der Feriengäste neu geschaffen.[21]

Die Globalisierung von Massenproduktion, Massenkonsum und Massenmedien war das explizite Ziel modernisierungstheoretisch inspirierter Zukunftsentwürfe, und Wachstum war der gemeinsame Nenner der großen gesellschaftlichen Projekte im Westen, im Osten und in der Dritten Welt. Anders als die Industrialisierung schritt die globale Homogenisierung von Konsumwünschen und kulturellen Referenzen, die sich an den Standards der industriellen Zivilisation orientierten, in den sechziger Jahren rasch voran. Die Vorreiterrolle spielten, was angesichts des wirtschaftlichen Vorsprungs der USA in der Nachkriegszeit wenig erstaunlich ist, global vermarktete amerikanische Produkte: Coca-Cola wurde im Zweiten Weltkrieg zur Weltmarke (McDonald's ist allerdings erst seit 1971 außerhalb Nordamerikas präsent).[22] Fernsehen und Film, Werbung und verwandtschaftliche Kontakte in die westlichen Metropolen taten ein Übriges, um westlichen Konsumgütern oder einheimischen, an westlichen Formen orientierten Produkten (Plastiksandalen, Jeans und T-Shirt) zu banalisierter Alltagspräsenz zu verhelfen. Ob dies allerdings schon eine Verwestlichung oder gar Amerikanisierung der Erde darstellt, ist aus zwei Gründen zweifelhaft.

(1) Zwar kamen mit zumeist amerikanischen multinationalen Unternehmen neue Produkte und Geschmacksvorstellungen nach Europa, Lateinamerika und Asien, aber offenbar kaum Methoden der Unternehmensorganisation und schon gar keine volkswirtschaftlichen Institutionen – man spricht selbst für den Westen weiterhin von zahlreichen nationalen und regionalen «varieties of capitalism».[23] (2) Die oberflächliche Verwestlichung der Weltkultur konnte überhaupt nur dort stattfinden, wo die kreative Aneignung und Anpassung von Importiertem an den lokalen Verwendungskontext den Importeuren einen sozialen, kulturellen oder ökonomischen Vorteil versprach. Der Konflikt zwischen dem «Eigenen» und dem aus anderen Zivilisationen stammenden «Fremden» war immer auch einer *innerhalb* von Zivilisationen zwischen dem «Alten» und dem «Neuen». Daher war nicht nur das Anlocken von Touristen, sondern auch die Bekräftigung von Eigenart gegenüber der homogenisierenden Moderne Ausgangspunkt der Betonung oder gar Erfindung von Traditionen.

Die Segnungen globaler Modernität blieben also nicht unwidersprochen. Wo sie realisiert waren (wie im industrialisierten Westen), gaben sie Forderungen nach einer umfassenderen Emanzipation und post-materiellen Lebensart Raum – der «68er-Bewegung». Wo Industrialisierung wie in der kommunistischen Zweiten Welt in Zwangsstaaten organisiert wurde, artikulierte sich wie im «Prager Frühling» die Forderung nach Freiheiten. In der Dritten Welt schließlich schien vielfach eine grundsätzliche Alternative zum Paradigma eines mit westlich-kapitalistischen oder sowjetischen Rezepten offenkundig unerreichbaren Fortschritts notwendig zu sein. Die Protestbewegungen der 1960er Jahre mochten zahlreiche nur lokal verständliche Anliegen gehabt haben, zugleich sahen sie sich selbst aber als eine Reaktion auf die zunehmend mit dem Mittel staatlicher Unterdrückung durchgesetzte Homogenisierung der Welt im Zeichen von Konsum und Wachstum.[24] Der Vietnamkrieg (ab 1965 waren amerikanische Bodentruppen im Einsatz) half, diffuse und lokalisierte Forderungen zu bündeln und Bewegungen miteinander in Kontakt zu bringen:

(1) Der Krieg bot Emanzipationsbewegungen überall auf der Welt nicht nur einen gemeinsamen Feind in Gestalt von «US-Imperialismus und Kapitalismus», sondern auch neue Vorbilder: Die Kulturrevolution Mao Zedongs und der revolutionäre Aktivismus Che Guevaras waren alternative revolutionäre Inszenierungen, die ohne autoritäre Bürokratie und die korrumpierenden Auswirkungen der Konsumgesellschaft auszukommen schienen. Damit kehrte sich die über Jahrhunderte stabile Richtung des Exports politischer Ideen von Europa in andere Kontinente für einen Moment um – China, das sich von der Welt fast völlig abgeschottet hatte und von den soziokulturellen Strömungen der sechziger Jahre kaum erfasst wurde, übte einen erheblichen Einfluss auf politische Programmatik im Rest der Welt aus.[25] Auch bei diesem Kulturtransfer ist allerdings das Moment kreativer Aneignung bis hin zum völligen Missverständnis nicht zu übersehen.

(2) Der Vietnamkrieg spielte sich durch die relativ unbeschränkte Fernsehberichterstattung vor den Augen der Weltöffentlichkeit ab. Er war anders als frühere Kriege sichtbar, und er war überall auf die gleiche Weise sichtbar. Der kanadische Medientheoretiker Marshall McLuhan stellte fest, die Welt sei zum *global village* mit einem einzigen gemeinsamen Horizont geworden.

(3) Die demoralisierende Wirkung der Fernsehbilder auf die amerikanische Öffentlichkeit ist zwar überschätzt worden, dennoch konnte offenbar auch ein unter der Kontrolle des «Establishments» befindliches Mainstream-Medium der Wirtschaftswunderzeit wie das Fernsehen subversiv wirken. Auch amerikanisch inspirierte Unterhaltungsmusik stand als symbolische Ausdrucksform des Protests gegen die Politik des amerikanischen Establishments weltweit (und nicht zuletzt in den USA selbst) zur Verfügung, insbesondere dort, wo sie über Großbritannien reimportiert wurde. Der Popsong wurde in den sechziger Jahren zu einer global etablierten Ausdrucksform, einem ebenfalls global vermarkteten Konsumgut *und* zu einer Ressource des Protests gegen die Marktgesellschaft.

Es ist auch ein Ergebnis der Protestkultur der sechziger Jahre, dass der Einfluss der Menschheit auf die Erde als Lebensraum zu einer politischen Frage wurde. Die Weltbevölkerung wuchs von 2,5 Milliarden im Jahre 1950 auf 4 Milliarden 1975. Wachstum und Bevölkerungsexplosion bedingten nun erstmals eine global spürbare Veränderung der Erde durch menschliche Aktivität – erst seit dem 20. Jahrhundert geht von Menschen ein größerer Einfluss auf die Erdatmosphäre aus als von Mikroben.[26] Umweltschäden waren lange lokal verursachte und nur lokal wahrgenommene Phänomene. Dass britische Emissionen ihren Weg bis nach Skandinavien fanden, war zwar schon in den 1860er Jahren bekannt, aber erst ein Jahrhundert später wurde das Problem auch zum Gegenstand der Politik. Das Weltklima wird erst seit den 1970er Jahren als globales Phänomen diskutiert. Neben der Verletzlichkeit der Umwelt wurde auch die Endlichkeit der auf der Erde für Produktion und Konsum verfügbaren Ressourcen erstmals breit politisch thematisiert. Der Earth Day 1970, bei dem 20 Millionen Amerikaner gegen den Raubbau an der Natur demonstrierten, und der Bericht des Club of Rome von 1972[27] markieren einen bedeutenden Bewusstseinswandel. Zu den möglichen globalen Folgen menschlichen Handelns zählte nicht mehr nur die blitzartige Vernichtung der Erde durch einen nuklearen Krieg, sondern auch ihre schleichende Zerstörung durch Raubbau und Umweltverschmutzung.

VII. Schluss

1. An der Jahrhundertwende

Die im letzten Kapitel beschriebenen Strukturen der Nachkriegsära veränderten seit dem Ende der sechziger Jahre ihre Form.[1] Damit begann jene neueste – oder für viele: eigentliche – Globalisierung, um deren Beschreibung und Erklärung sich die Sozialwissenschaften bemühen. Aus (zeit-)historischer Perspektive verdienen sechs Punkte Beachtung:

(1) Der wichtigste Prozess der internationalen Politik seit den siebziger Jahren war die Erosion und der schließliche Zusammenbruch der UdSSR und des Sowjetblocks. Damit ging auch die globale Machtstruktur des Kalten Krieges, also das «bipolare» internationale System, unter, ohne dass bis jetzt die Grundzüge neuer Strukturen wirklich erkennbar wären. Der im Westen entstandene, über den «KSZE-Prozess» weltpolitisch wirksam gewordene «post-internationale» Multilateralismus erfasste am Ende des 20. Jahrhunderts den ganzen Erdball: «Interdependenzthemen» wie Menschenrechte, das Weltklima oder der freie Welthandel gewannen an Bedeutung und wurden im Rahmen internationaler Organisationen und «Regimes» behandelt; die Zahl internationaler Abmachungen zu diesen Themen wächst beständig. Auch die Anzahl nichtstaatlicher Akteure in der internationalen Politik nimmt zu. Dies schließt Mafia- und Terrornetzwerke genauso ein wie ihr moralisches Gegenteil, also solche ehrbaren Organisationen wie Greenpeace und Amnesty International. Zugleich aber behalten die Strukturen und Handlungsmuster traditioneller Machtpolitik ihr Gewicht, insbesondere für Russland, China und zunehmend die USA.

(2) Auch die Krise des Vorsorgestaates, der sich in vielen Fällen zugleich als konjunktursteuernder Interventionsstaat verstand, begann bereits in den siebziger Jahren. Diese Krise wird häufig als die Folge von Globalisierung gesehen, sie ist aber auch eine wichtige *Ursache* eines neuen Globalisierungsschubs gewesen. Die Politik der Liberalisierung der Märkte, Privatisierung von Staatseigentum und Steuersenkung, die zuerst nach 1979 in Großbritannien verwirklicht wurde, schuf wesentliche Voraussetzungen für eine «spontane» ökonomische Globalisierung, d.h. für die Entstehung staatlich wenig regulierter globaler Interaktionsräume. Mit dem Zusammenbruch des Staatssozialismus im östlichen Teil Eurasiens und dem Abschied der Volksrepublik China vom Prinzip einer allgemeinen Subsistenzsicherung durch die garantierte «eiserne Reisschüssel» verschwanden quasi-autarke Systeme bürokratischer Daseinsgestaltung.

(3) Auf die Liberalisierung des internationalen Austauschs

folgten eine Ausweitung und Verdichtung der internationalen Handels- und Finanzbeziehungen. Die Finanzmärkte entwickelten sich nach dem «Großen Knall» der Deregulierung der Londoner City, des wichtigsten Zentrums der Weltfinanz, im Jahre 1986 mit außerordentlicher Geschwindigkeit – und 2008 zum Ausgangspunkt einer neuen Weltwirtschaftskrise. Hinzu kommen zwei qualitative Veränderungen: Aus weltweit präsenten, zentral geführten *multi*nationalen Konzernen wurden *trans*nationale Unternehmungen, die sich noch weniger eindeutig national verorten lassen und ihre Produktion weltweit integrieren. Sie stellen eine hierarchische (also nicht rein netzwerkartig-marktmäßige) Form der Organisation dar. Die zweite qualitative Veränderung war die Entwicklung vieler «Schwellenländer» zu Industrieökonomien auf mittlerem Technologieniveau – häufig durch die Eingliederung in die Produktionsketten transnationaler Konzerne. Neben der «Zweiten Welt» des Kommunismus löste sich auch die «Dritte» der Entwicklungsländer auf, indem einige Staaten materiell zum Westen und zu Japan aufschlossen, während bei zahlreichen anderen von irgendwie gearteter «Entwicklung» keine Rede sein kann.

(4) Die Fortschritte der Kommunikations- und Datenverarbeitungstechnologie waren entscheidende Voraussetzungen für den Aufschwung globaler Finanzmärkte, für die Organisierbarkeit transnationaler Konzerne und für den Aufstieg der «Tigerstaaten», die einen großen Teil der Computerchips herstellen. Das Internet, das erst seit Mitte der neunziger Jahre rein privat «zentrumslos» organisiert und allgemein zugänglich ist, ist eher eine Metapher als eine Ursache für die Vernetzung durch Datenverarbeitung und elektronische Medien. Die elektronische Vernetzung der Welt hat sich allerdings nicht «flächendeckend» ausgebreitet, sondern eine neue «digitale Kluft» zwischen den Vernetzten und den Unvernetzten entstehen lassen.

(5) Insbesondere die elektronischen Medien bewirken die Popularisierung und gesteigerte Reflexivität des Globalen. Güter und kulturelle Muster von anderen Kontinenten sind nun überall für kreative Aneignung oder gedankenlosen Konsum verfügbar und werden aggressiv vermarktet. In welchem Maße eine

kulturelle Amerikanisierung, gestützt von der globalen Unausweichlichkeit der englischen Sprache, durch gegenläufige Kulturtransfers ausbalanciert werden kann, bleibt abzuwarten. Auch wenn der kulturelle Einfluss etwa Japans auf den Westen heute eher geringer ist als zur Zeit des Japonismus in der bildenden Kunst um 1880, so werden immerhin noch einige der weltweit akzeptierten Mode-, Design- und Theorietrends in Italien oder Frankreich geschaffen. Überall auf der Welt erfordert es jedoch die kommerzielle Verwertungslogik der transnationalen Konzerne, auf lokale Besonderheiten der Nachfrage einzugehen. Ein Denken in globalen Zusammenhängen hat sich in der zweiten Hälfte des 20. Jahrhunderts weit verbreitet. Doch ist es nach wie vor nur bei einigen «freischwebenden» Gruppen bewusstseinsbestimmend, in erster Linie bei Angehörigen international ausgerichteter Eliten und am anderen Ende des Wohlfahrtsspektrums bei zwangsmobilen Wirtschaftsflüchtlingen. Zwischen beiden Extremen bilden sich jedoch allmählich auch mittlere Lagen heraus, zum Beispiel Querverbindungen zwischen religiösen Diasporagemeinschaften.[2]

(6) Verdichtete weltweite Vernetzung ermöglicht und erleichtert nicht nur legale, sondern auch illegale Transfers wie Drogenhandel und Geldwäsche, Menschenschmuggel oder gar -handel. Häufig sind illegale Transfers an wichtiger Stelle in die legale globale Wirtschaft eingebunden: In den westlichen Finanzmetropolen konzentrieren sich nicht nur hoch bezahlte Spezialisten mit globaler Biographie, sondern auch illegale Migrantinnen, die durch billige Kinderbetreuung die Entfesselung elterlicher Arbeitskraft ermöglichen.[3] In der Regel ist es allein eine Frage des politisch-ideologischen Standpunktes, welche dieser illegalen Vernetzungen als Ergebnis ungerechtfertigt strenger Gesetzgebung und welche als mit allen Mitteln zu bekämpfendes Übel erscheinen.[4]

2. Auf dem Weg in ein globales Zeitalter?

All dies summiert sich zu einem neuerlichen Globalisierungsschub. Die weitverbreitete Empfindung, im «Zeitalter der Globalisierung» zu leben, ist wohlbegründet. Handelt es sich aber um eine neue Epoche, die sich vor allen früheren Perioden der Geschichte gerade durch ihre quantitativ wie qualitativ neuartige Globalität auszeichnet? Wenn es einen Einschnitt gibt, von dem an Globalisierung zumindest ein zentrales Thema von Geschichte und Erfahrung wird, dann ist dies das frühneuzeitliche Zeitalter von Entdeckungen, Sklavenhandel und «ökologischem Imperialismus», nicht das späte 20. Jahrhundert. Ein weiterer Schub lässt sich infolge der Industrialisierung von Verkehr und Kommunikation ab der Mitte des 19. Jahrhunderts ausmachen. Globalisierungstendenzen waren für den größten Teil der Menschheit bereits seit dem Ende des 19. Jahrhunderts daseins-prägend und wurden nach dem Zweiten Weltkrieg Bestandteil des Erfahrungsraums breiter Schichten. Die Globalisierungstendenzen des 20. Jahrhunderts bereicherten den Erfahrungsschatz der Menschheit vor allem um Weltkrisen, Weltkriege und die Möglichkeit plötzlicher oder schleichender Weltvernichtung. Die ökonomische Verflechtungsdichte von 1913 wurde erst wieder in den 1970er Jahren erreicht, in manchen Bereichen markiert 1913 immer noch ein absolutes Maximum.[5] Eine der nach wie vor packendsten Schilderungen des globalen Kapitalismus findet sich im 1848 von Karl Marx und Friedrich Engels verfassten «Kommunistischen Manifest».[6] Der Globalisierungsschub der 1980er und 1990er Jahre traf auf eine Welt, für die Globalität bereits seit langem nichts Besonderes mehr war.

Überstaatliche Netzwerke und durchlässige Grenzen waren der historische Normalfall, der stillschweigend als Ausgangspunkt der meisten Globalisierungsdiagnosen genommene europäische Nationalstaat des 19. und frühen 20. Jahrhunderts war hingegen eine spät entstandene Ausnahme. Aus eigenem Willen völlig von der Außenwelt abgeschottete Wirtschaftsräume hat es selten gegeben. Vorläufer des Typus der modischen und erfolgreichen «Netzwerk-Firma» mit internalisierten Märkten finden sich bereits unter den Kaufmannsimperien (*trading empires*) der Frühen Neuzeit. Unser Argument ist nicht, dass heutige Zustände mit denjenigen des 17. oder 18. Jahrhunderts direkt vergleichbar seien, sondern dass die angeblich als charakteristisch für ein gegenwärtiges Zeitalter der Globalität zu verstehenden Muster schon in früheren Zeiten verfügbar waren.

Die extravaganteren Diagnosen mancher Globalisierungstheoretiker sind auch für die Gegenwart empirisch kaum zu untermauern; vielfach handelt es sich dabei in Wahrheit um Prognosen oder – positive wie negative – Utopien.

(1) Die Erde ist ein einziger umgrenzter Handlungsraum, dessen Endlichkeit die Menschheit einengt. Aber dieser Handlungsraum ist noch nicht von globalen sozialen Strukturen ausgefüllt, sondern weiterhin von vielfältigen, sich überlappenden Interaktionsnetzen, deren Funktionieren durch ihre Unterordnung unter eine allumfassende «Globalisierung» eher verschleiert denn erhellt wird. Der Nordwestatlantik plus Japan ist – wie auch schon ein Jahrhundert zuvor – eine Zone besonders hoch verdichteter Interaktion, der Pazifik, gehemmt durch die große asiatische Wirtschaftskrise seit 1997, auf dem Wege, eine solche Zone zu werden. Globalisierte Enklaven gibt es auch außerhalb des Westens: Im südchinesischen Perlflussdelta ist eine Exportökonomie entstanden, deren Firmen untereinander und mit der chinesischen Volkswirtschaft ebenso dicht verflochten sind wie mit den zahlreichen transnationalen Konzernen, die dort produzieren lassen.[7] Anderswo dagegen ist man zwar auch von weltweiten Netzen abhängig, aber oftmals nicht in der Lage, zum eigenen Vorteil daran teilzunehmen. Dies gilt gerade für Afrika, das in einer auf legale Austauschbeziehungen konzentrierten Perspektive als ein weißer Fleck auf der Landkarte der Globalisierung erscheint[8] – auch das Ergebnis durch internationalen Waffenhandel, Ressourcentransfer und Entwicklungshilfe am Leben gehaltener dysfunktionaler Strukturen.

(2) Bringt Globalisierung das Ende des Nationalstaats mit sich? Nirgendwo im Westen ist es gelungen, den vom Staat verwalteten und verteilten Anteil des Volkseinkommens drastisch

abzusenken. Die am intensivsten an globalen Interaktionen teilnehmenden Länder sind zugleich solche mit der höchsten Staatsquote. Zoll- und Handels-«Kriege» gehören keineswegs der Vergangenheit an. Grenzüberschreitende Migration wird überall staatlich kontrolliert und eingeschränkt. Auch kann ein Abbau interventionsstaatlicher Regulierungen nicht pauschal mit dem «Ende des Nationalstaats» gleichgesetzt werden: Für Margaret Thatcher sollte umgekehrt der Rückzug der Regierung aus der Wirtschaft Großbritannien als Nationalstaat wieder ein größeres Gewicht geben.[9]

(3) «Globalisierung» ist Teil der Geschichte vom «Aufstieg des Westens». Netzwerke sind seit Beginn dieser Geschichte keine friedlichen, freiwillig eingegangenen Interdependenzen gewesen. Dennoch kann Globalisierung nicht einfach mit (Zwangs-)Verwestlichung oder Amerikanisierung gleichgesetzt werden. Immer wieder hat sich das Phänomen der kreativen Aneignung bemerkbar gemacht: «Fremde» Lösungen werden nicht selten nach rationaler Überlegung deshalb gewählt (und in der Übertragung modifiziert), weil sie vorformulierte Antworten auf Fragen und Probleme darstellen, die sich anderswo bereits früher gestellt haben.

(4) Raum lässt sich heute schneller und zu geringeren Kosten überwinden als je zuvor. Grenzen lassen sich einfacher überschreiten, und «Abwanderung» von einem Territorium ins andere fällt leichter.[10] Dennoch: Wo man *ist*, ist nicht bedeutungslos. Lokalität bleibt Schicksal. Welten trennen die freiwillig von den zwangsweise Mobilen. Die Behauptung, der geographische Raum sei durch den «Raum der Ströme» ersetzt worden, kann an Zynismus grenzen. Richtig ist aber: Räume entstehen eher durch Vernetzung als umgekehrt. Natürliche Barrieren – Meere, Berge, Wüsten – haben schon in frühen Epochen bei einfacher Verkehrstechnik dem Willen zu Expansion und Fernkontakt selten unüberwindliche Hindernisse in den Weg gelegt.

3. Globalisierung: Für die Normalisierung des Begriffs

Wie «Modernisierung» ist auch «Globalisierung» nicht leicht skalierbar und quantifizierbar; man kann nur in sehr eingeschränktem Maße von «mehr» oder «weniger» Globalisierung sprechen. Einzelne Teilprozesse, die unter dem Sammelnamen der Globalisierung zusammengefasst werden, verlaufen nicht immer gleichsinnig und synchron. Immer wieder in der Geschichte der Neuzeit lässt sich die Gleichzeitigkeit von ökonomischer Verflechtung und politischer De-Globalisierung beobachten oder die Verbindung von militärisch-imperialem Ausgreifen und dem Austrocknen kultureller Neugier auf andere Zivilisationen. Fragmentierende Prozesse wie das Auseinandersortieren von Bevölkerungen in «ethnischen Säuberungen» (d. h. Massakern und Vertreibungen) produzieren globale Flüchtlingsströme und neue Diaspora-Gemeinschaften in den aufnahmewilligen Staaten. Die Vereinten Nationen sichern einerseits die Existenz der Nationalstaaten und verteidigen das Prinzip der Nichtintervention, andererseits institutionalisieren sie Werte, die die nationale Souveränität untergraben.

«Globalisierung» hängt mit «Modernisierung» eng zusammen. Strukturbildende Fernverflechtungen gab es schon in vormoderner Zeit. Aber erst die kulturelle Kreativität der europäischen Moderne – Stichworte wären Rationalität, Organisation, Industrie, Kommunikationstechnologie – ermöglichte Verflechtungen von neuartiger Reichweite und Intensität. Umgekehrt spielte sich die Entfaltung der europäischen Moderne von Anfang an in einem globalen Rahmen ab. Asien, die nahöstlich-islamische Welt, später die beiden Amerikas, Afrika und die Südsee – sie alle lieferten Bezugspunkte für den Selbstentwurf Europas als einer *universalen* Zivilisation. Als sie selbst bereist, kolonisiert und in Welthandelsnetze eingesponnen wurden, nahmen diese Gegenden der Erde die von Europa und Nordamerika ausgehenden Impulse von Modernisierung mittels der Transmissionswege der Globalisierung auf, formten sie um und brachten – mit unterschiedlichem Willen und Erfolg – eigene Ausprägungen hervor: *multiple modernities*.[11]

«Globalisierung» hat einen Sinn als Sammelbegriff für konkret beschreibbare Strukturen und Interaktionen mit planetarischer Reichweite. Hingegen geht es nicht um einen autonomen Prozess, der als unaufhaltsame historische Bewegung und unabweisbarer politischer Sachzwang daherkommt. Gerade bei einem solch umfassenden Begriff muss man sich vor «Verdinglichung» hüten und immer wieder darauf beharren, dass auch die großen Makroprozesse Resultate individuellen oder kollektiven *Handelns* sind. Globale Verflechtungen werden von Staaten, Firmen, Gruppen, Individuen aufgebaut, erhalten, umgeformt und zerstört. Sie sind Gegenstand von Interessenkonflikten und Politik. Sie produzieren Gewinner und Verlierer – Gleiches gilt allerdings auch für die *Zerstörung* globaler Strukturen. Hinter der Globalisierung stehen Globalisierer mit unterschiedlichen visionären und strategischen Horizonten. Vieles von dem, was sich im Nachhinein zu einer eigenen Folgerichtigkeit zusammenzufügen scheint, verdankt sich aber auch unbeabsichtigten Nebenwirkungen durchaus *nicht* global gemeinter Verhaltensweisen. Die weltweite Verbreitung der Spanischen Grippe und die Gründung des Völkerbundes – beides im Jahre 1919 – hatten gleichermaßen globalisierende Folgen. Hinter ihnen stehen aber keinesfalls «Handlungen» ähnlichen Typs.

Der Begriff der Globalisierung ebnet solche Unterschiede ein. Ein kritischer Umgang mit ihm vermag indes einen vergröbernden Begriffsrealismus zu verhindern. Solche Vorsicht ist bei allen Super-Kategorien angebracht, mit denen auch Historiker zuweilen umgehen. «Globalisierung» fügt sich neben «Industrialisierung», «Urbanisierung» oder «Demokratisierung» in das Begriffsrepertoire historischer Analyse ein. Dies muss «Globalisierung» als politischen Kampfbegriff nicht entschärfen. Wie «Kapitalismus» oder «Imperialismus» wird «Globalisierung» ein polemisches Potential bewahren. Dass Historiker gleichmütig und abgeklärt feststellen, es habe dergleichen schon seit langem gegeben, schließt das politische Urteil für die Gegenwart nicht aus.

Anmerkungen

I. «Globalisierung»: Umkreisung eines Begriffs

1 Vgl. etwa O. Bach, *Die Erfindung der Globalisierung. Entstehung und Wandel eines zeitgeschichtlichen Grundbegriffs*, Frankfurt a. M. 2013; B. Rehbein/H. Schwengel, *Theorien der Globalisierung*, Konstanz 2008; M. Middell/U. Engel (Hg.), *Theoretiker der Globalisierung*, Leipzig 2010.

2 Vgl. H. van der Loo/W. van Reijen, *Modernisierung. Projekt und Paradox*, München 1992, S. 242.

3 S. Strange, *The Retreat of the State: The Diffusion of Power in the World Economy*, Cambridge 1996.

4 Dazu historisch: W. Reinhard, *Geschichte der Staatsgewalt. Eine vergleichende Verfassungsgeschichte Europas von den Anfängen bis zur Gegenwart*, München [3]2003, S. 509 ff.

5 R. Robertson, Glokalisierung – Homogenität und Heterogenität in Raum und Zeit, in: U. Beck (Hg.), *Perspektiven der Weltgesellschaft*, Frankfurt a. M. 1998, S. 192–220.

6 Vgl. R. J. C. Young, *Colonial Desire: Hybridity in Theory, Culture and Race*, London 1995, S. 18–28.

7 D. Harvey, *The Condition of Postmodernity: An Enquiry into the Origins of Cultural Change*, Oxford 1989, bes. S. 240.

8 J. A. Scholte, *Globalization: A Critical Introduction*, Basingstoke 2000, S. 46–50.

9 Zur Kritik daran J. Rosenberg, *The Follies of Globalisation Theory*, London 2000.

II. Dimensionen von Globalisierung

1 Immer noch anregend: F. H. Tenbruck, Gesellschaftsgeschichte oder Weltgeschichte? in: *Kölner Zeitschrift für Soziologie und Sozialpsychologie* 41 (1989), S. 417–439.

2 U. Beck, *Was ist Globalisierung? Irrtümer des Globalismus – Antworten auf Globalisierung*, Frankfurt a. M. 1998, S. 49.

3 J. Oltmer, *Globale Migration. Geschichte und Gegenwart*, München [2]2016; D. Hoerder, *Cultures in Contact: World Migrations in the Second Millenium*, Durham, NC 2002; M. Zeuske, *Sklavenhändler, Negreros and Atlantikkreolen. Eine Weltgeschichte des Sklavenhandels im atlantischen Raum*, Berlin 2015.

4 H. Kleinschmidt, *Geschichte der internationalen Beziehungen. Ein systemgeschichtlicher Abriß*, Stuttgart 1998; B. Buzan/G. Lawson, *The Global Transformation: History, Modernity and the Making of International Relations*, Cambridge 2015.

5 J. Darwin, *Der imperiale Traum. Die Globalgeschichte großer Reiche 1400–2000*, Frankfurt a. M. 2010; J. Burbank/F. Cooper, *Imperien der Weltgeschichte. Das Repertoire der Macht vom alten Rom und China bis heute*, Frankfurt a. M. 2012.

6 S. Conrad/S. Randeria (Hg.), *Jenseits des Eurozentrismus. Postkoloniale Perspektiven in den Geschichts- und Kulturwissenschaften*, Frankfurt a. M. 2002; W. Reinhard, *Die Unterwerfung der Welt. Globalgeschichte der europäischen Expansion 1415–2015*, München 2016. Vgl. auch J. C. Jansen/J. Osterhammel, *Kolonialismus. Geschichte, Formen, Folgen*, München 2012.

7 Vgl. M. Geyer/C. Bright, World History in a Global Age, in: *American Historical Review* 100 (1995), S. 1034–1060.

8 So D. S. Landes, *Wohlstand und Armut der Nationen. Warum die einen reich und die anderen arm sind*, Berlin 1999.

9 Vgl. J. Osterhammel, Global History, in: P. Burke/M. Tamm (Hg.), *Debating New Approaches to History*, London 2018, S. 21–47; S. Conrad, *Globalgeschichte. Eine Einführung*, München 2013.

10 Vgl. die Zeitschrift *Review*, die seit 1978 erscheint. Von Wallersteins Hauptwerk liegen bisher vier Bände vor: I. Wallerstein, *The Modern World-System*, New York 1974–2011 (dt.: *Das moderne Weltsystem*, 4 Bde., Wien 1986–2012). Vgl. auch S. Babones/C. Chase-Dunn (Hg.), *Routledge Handbook of World-Systems Analysis*, London 2012.

11 Zu den verschiedenen analytischen Aspekten von «Inkorporation» vgl. T. D. Hall, The World-System in Perspective: A Small Sample from a Large Universe, in: R. Robertson/K. E. White (Hg.), *Globalization: Critical Concepts in Sociology*, 6 Bde., London 2003, Bd. 1, S. 361–364.

12 Zur Einführung: I. Wallerstein, Wegbeschreibung der Analyse von Weltsystemen, oder: Wie vermeidet man, eine Theorie zu werden? in: *Zeitschrift für Weltgeschichte* 2 (2001), S. 9–31; *The Essential Wallerstein*, New York 2000.

13 N. Luhmann, *Die Gesellschaft der Gesellschaft*, 2 Bde., Frankfurt a. M. 1997, Bd. 1, S. 145–171; B. Heintz u. a. (Hg.), *Weltgesellschaft. Theoretische Zugänge und empirische Problemlagen*, Stuttgart 2005; R. Stichweh, *Die Weltgesellschaft. Soziologische Analysen*, Frankfurt a. M. 2000.

14 Vgl. B. Holzer, *Netzwerke*, Bielefeld ²2010; D. Easley/J. Kleinberg, *Networks, Crowds and Markets: Reasoning about a Highly Connected World*, Cambridge 2010.

15 P. Arndt, *Deutschlands Stellung in der Weltwirtschaft*, Leipzig 1913, S. 1–4.

16 M. Castells, Materials for an Exploratory Theory of the Network Society, in: *British Journal of Sociology* 51 (2000), S. 5–24.
17 J. W. Burton, *World Society*, Cambridge 1972, S. 35–51.
18 So G. Therborn, Globalizations: Dimensions, Historical Waves, Regional Effects, Normative Governance, in: *International Sociology* 15 (2000), S. 151–179.
19 Vgl. auch H. Lübbe, Netzverdichtung. Zur Philosophie industriegesellschaftlicher Entwicklungen, in: *Zeitschrift für philosophische Forschung* 50 (1996), S. 133–150.
20 S. C. Topik/A. Wells, Warenketten in einer globalen Wirtschaft, in: E. S. Rosenberg (Hg.), *Weltmärkte und Weltkriege 1870–1945*, München: 2012, S. 589–815.
21 K. J. Bade, *Europa in Bewegung. Migration vom späten 18. Jahrhundert bis zur Gegenwart*, München 2000, S. 67.
22 A. W. Crosby, *Die Früchte des weißen Mannes. Ökologischer Imperialismus 900–1900*, Frankfurt a. M. 1991.
23 R. Robertson/K. E. White, Globalization: An Overview, in: dies. (Hg.), *Globalization*, Bd. 1, S. 1–44, hier 8.

III. Bis 1750: Aufbau und Verfestigung weltweiter Verbindungen

1 Vgl. A. G. Frank/B. K. Gills (Hg.), *The World System: Five Hundred Years or Five Thousand?* London 1993.
2 M. McCormick, *Origins of the European Economy: Communications and Commerce A. D. 300–900*, Cambridge 2001.
3 L. L. Cavalli-Sforza u. a., *The History and Geography of Human Genes*, Princeton 1994.
4 J. Gernet, *Die chinesische Welt*, Frankfurt a. M. 1979, S. 241.
5 T. O. Höllmann, *Die Seidenstraße*, München [4]2018; S. Whitfield, *Silk, Slaves and Stupas: Material Culture of the Silk Road*, Berkeley 2018.
6 J. Abu-Lughod, *Before European Hegemony: The World System A. D. 1250–1350*, New York 1989; zum globalen Mitttelalter vgl. N. Standen/C. Holmes, Introduction: Towards a Global Middle Ages, in: *Past & Present*, Supplement 13 (2018), S. 1–44.
7 O. J. Benedictow, *The Black Death, 1346–1353: The Complete History*, Woodbridge 2004; S. Winkle, *Geißeln der Menschheit. Kulturgeschichte der Seuchen*, Düsseldorf 1997, S. 442–448.
8 Vgl. J. Lee, Trade and Economy in Preindustrial East Asia, c. 1500– c. 1800: East Asia in the Age of Global Integration, in: *Journal of Asian Studies* 58 (1999), S. 2–26.
9 V. Lieberman (Hg.), *Beyond Binary Histories: Reimagining Eurasia to c. 1830*, Ann Arbor 1999.

10 J. Black, *War and the World: Military Power and the Fate of Continents 1450–2000*, New Haven, CT 1998, S. 30–32.

11 W. H. McNeill, The Age of Gunpowder Empires, 1450–1800, in: M. Adas (Hg.), *Islamic and European Expansion: The Forging of a Global Order*, Philadelphia 1993, S. 103–139; T. Andrade, *The Gunpowder Age: China, Military Innovation, and the Rise of the West in World History*, Princeton 2016.

12 Vgl. den Versuch, das Vordringen der Weißen in Nordamerika aus der Sicht der Ureinwohner zu beschreiben: D. K. Richter, *Facing East from Indian Country: A Native History of Early America,* Cambridge, MA 2001.

13 R. White, *«It's Your Misfortune and None of My Own»: A History of the American West*, Norman, OK 1991, S. 18–24.

14 T. Benjamin, *The Atlantic World: Europeans, Africans, Indians and Their Shared History, 1400–1900*, Cambridge 2009.

15 R. Blackburn, *The Making of New World Slavery: From the Baroque to the Modern*, London 1997, S. 166ff.

16 P. D. Curtin, *The Rise and Fall of the Plantation Complex*, Cambridge 1990.

17 J. K. Thornton, *Warfare in Atlantic Africa, 1500–1800*, London 1999, S. 62.

18 M. Zeuske, *Handbuch Geschichte der Sklaverei. Eine Globalgeschichte von den Anfängen bis zur Gegenwart*, Berlin 2013, S. 456.

19 D. O. Flynn, Born With a «Silver Spoon»: The Origin of World Trade in 1571, in: *Journal of World History* 6 (1995), S. 201–221.

20 R. H. Myers/Yeh-chien Wang, Economic Developments, 1644–1800, in: W. J. Peterson (Hg.), *The Cambridge History of China*, Bd. 9, Teil 1, Cambridge 2002, S. 590.

21 F. Braudel, *Sozialgeschichte des 15. bis 18. Jahrhunderts*, 3 Bde., München 1985, bes. Bd. 2; R. J. Barendse, *The Arabian Seas: The Indian Ocean World of the Seventeenth Century*, Armonk, NY 2002, S. 152–196.

22 P. K. O'Brien, European Economic Development: The Contribution of the Periphery, in: *Economic History Review* 35 (1982), S. 1–18.

23 A. Hottinger, *Akbar der Große (1542–1605). Herrscher über Indien durch Versöhnung der Religionen*, München 1998, S. 123–139.

IV. 1750–1880: Imperialismus, Industrialisierung und Freihandel

1 Vgl. J. Angster, *Erdbeeren und Piraten. Die Royal Navy und die Ordnung der Welt 1770–1860*, Göttingen 2012.

2 B. P. Lenman, Colonial Wars and Imperial Instability, 1688–1793, in: P. J. Marshall (Hg.), *The Oxford History of the British Empire*, Bd. 2: *The Eighteenth Century*, Oxford 1998, S. 159–163.

3 J. H. Elliott, *Empires of the Atlantic World: Britain and Spain in America, 1492–1830*, New Haven, CT 2006; D. Armitage/S. Subrahmanyam (Hg.). *The Age of Revolutions in Global Context, c. 1760–1840*, Basingstoke 2010; M. Rediker, *Gesetzlose des Atlantik. Piraten und rebellische Seeleute in der frühen Neuzeit,* Wien 2017.
4 Vgl. J. Klaits/M. H. Haltzel (Hg.), *The Global Ramifications of the French Revolution*, Cambridge 1994; S. Desan u. a. (Hg.), *The French Revolution in Global Perspective*, Ithaca, NY 2013.
5 C. Buchheim, *Industrielle Revolutionen. Langfristige Wirtschaftsentwicklung in Großbritannien, Europa und in Übersee*, München 1994; J. Komlos, Ein Überblick über die Konzeptionen der Industriellen Revolution, in: *Vierteljahresschrift für Sozial- und Wirtschaftsgeschichte* 84 (1997), S. 461–511; M. Teich/R. Porter (Hg.), *The Industrial Revolution in National Context,* Cambridge 1996.
6 R. Davis, *The Industrial Revolution and British Overseas Trade*, Leicester 1979, S. 15 (Tab. 2).
7 F. Crouzet, *A History of the European Economy,* 1000–2000, Charlottesville, VA 2001, S. 117.
8 J. E. Vance, *Capturing the Horizon: The Historical Geography of Transportation since the Sixteenth Century*, Baltimore 1990.
9 R. Wenzlhuemer, *Connecting the Nineteenth-century World: The Telegraph and Globalization,* Cambridge 2013; S. M. Müller, *Wiring the World: The Social and Cultural Creation of Global Telegraph Networks*, New York 2016.
10 D. R. Headrick, *When Information Came of Age: Technologies of Knowledge in the Age of Reason and Revolution*, Oxford 2000, S. 189–193.
11 P. Bairoch, *Economics and World History: Myths and Paradoxes*, New York 1993, S. 38–41.
12 Der Begriff wurde entwickelt von R. Robinson/J. R. Gallagher, The Imperialism of Free Trade, in: *Economic History Review* 6 (1953), S. 1–15.
13 J. Silberstein-Loeb, *The International Distribution of News: The Associated Press, Press Association and Reuters, 1848–1947*, Cambridge 2014.
14 Vgl. D. Crystal, *English as a Global Language*, Cambridge 1997, S. 24–63.
15 Vgl. J. Osterhammel, Zur Geschichte des Freihandels, in: *apuz* 68: 4–5 (2018), S. 11–17.
16 M. Castells, *Das Informationszeitalter*, Bd. 1: *Der Aufstieg der Netzwerkgesellschaft*, Opladen 2001, S. 108.
17 M. Graff u. a., *Growth of the International Economy, 1820–2015*, London [5]2014, S. 79.
18 C. Dobbin, *Asian Entrepreneurial Minorities: Conjoint Communities in*

the Making of the World Economy 1570–1940, Richmond 1996; C. Markovits, *The World of Indian Merchants, 1750–1947: Traders of Sind from Bukhara to Panama*, Cambridge 2000.

19 Bade, *Europa in Bewegung*, S. 69.

20 W. Fischer, Wirtschaft und Gesellschaft Europas 1850–1914, in: ders. (Hg.), *Handbuch der europäischen Wirtschafts- und Sozialgeschichte*, Bd. 5, Stuttgart 1985, S. 31, 35. Vgl. auch A. McKeown, Global Migration, 1846–1940, in: *Journal of World History* 15 (2004), S. 155–189.

21 S. Drescher/S. L. Engerman (Hg.), *A Historical Guide to World Slavery*, New York 1998, S. 387. Hinzu kommt der von Arabern organisierte «orientalische Sklavenhandel», der allein zwischen 1820 und 1877 mindestens 1,7 Millionen Menschen aus Ostafrika nach Norden und Osten brachte (ebd., S. 43).

22 K. H. O'Rourke/J. G. Williamson, *Globalization and History: The Evolution of a Nineteenth-Century Atlantic Economy*, Cambridge, MA 1999.

23 J. A. Frieden, *Global Capitalism: Its Fall and Rise in the Twentieth Century*, New York 2006, S. 13 ff.

V. Weltkapitalismus und Weltkrisen, 1880–1945

1 D. Vincent, *The Rise of Mass Literacy: Reading and Writing in Modern Europe*, Cambridge 2000, S. 10 f.

2 Vgl. J.-N. Jeanneney, *Une histoire des médias: des origines à nos jours*, Paris [5]2015, S. 109 ff.

3 S. Kern, *The Culture of Time and Space, 1880–1918*, London 1983, S. 2.

4 C. Blaise, *Die Zähmung der Zeit. Sir Sandford Fleming und die Erfindung der Weltzeit*, Frankfurt a. M. 2001; V. Ogle, *The Global Transformation of Time, 1870–1950*, Cambridge, MA 2015.

5 D. S. Landes, *Revolution in Time: Clocks and the Making of the Modern World*, Cambridge, MA 1983, S. 287.

6 M. Williams, *Deforesting the Earth: From Prehistory to Global Crisis*, Chicago 2003, S. 384 f.

7 A. Sartorius von Waltershausen, *Die Entstehung der Weltwirtschaft. Geschichte des zwischenstaatlichen Wirtschaftslebens vom letzten Viertel des 18. Jahrhunderts bis 1914*, Jena 1931, S. 10.

8 G. Jones, *Multinationals and Global Capitalism: From the Nineteenth to the Twenty First Century*, Oxford 2005.

9 G. Ambrosius, *Globalisierung. Geschichte der internationalen Wirtschaftsbeziehungen*, Wiesbaden 2018, Kap. 2.

10 M. H. Geyer/J. Paulmann (Hg.), *The Mechanics of Internationalism: Culture, Society, and Politics from the 1840s to the First World War*, Oxford 2001.

11 J. Osterhammel, *Die Verwandlung der Welt. Eine Geschichte des 19. Jahrhunderts*, München [5]2010, S. 1043–1047; B. Eichengreen, *Vom Goldstandard zum Euro. Die Geschichte des internationalen Währungssystems*, Berlin 2000.

12 J. H. Drabble, *An Economic History of Malaysia, c. 1800–1990: The Transition to Modern Economic Growth*, Basingstoke 2000, Kap. 4.

13 Vgl. V. Bulmer-Thomas, *The Economic History of Latin America since Independence*, Cambridge [3]2014.

14 A. Maddison, *The World Economy: A Millennial Perspective*, Paris 2001, S. 126 (Tab. 3–1 b).

15 M. Lake/H. Reynolds, *Drawing the Global Colour Line: White Men's Countries and the International Challenge of Racial Equality*, Cambridge 2008.

16 Vgl. für das deutsche Beispiel die Skizze bei Werner Abelshauser, Umbruch und Persistenz. Das deutsche Produktionsregime in historischer Perspektive, in: *Geschichte und Gesellschaft* 27 (2001), S. 503–523.

17 R. Findlay/K. H. O'Rourke, *Power and Plenty: Trade, War, and the World Economy in the Second Millennium*, Princeton 2007, S. 402.

18 C. S. Maier, *Once within Borders. Territories of Power, Wealth, and Belonging since 1500*, Cambridge, MA 2016, S. 185 ff.; K. Borchardt, *Globalisierung in historischer Perspektive*, München 2001.

19 S. Neitzel, *Weltmacht oder Untergang? Die Weltreichslehre im Zeitalter des Imperialismus*, Paderborn 2000.

20 Maddison, *The World Economy*, S. 242 (Tab. B-11).

21 W. Nugent, *Into the West: The Story of Its People*, New York 1999, S. 131.

22 B. Etemad, *La Possession du monde: Poids et mesures de la colonisation (XVIIIe–XXe siècles)*, Brüssel 2000, S. 175 (Tab. 13).

23 Vgl. P. Zarrow, *After Empire: The Conceptual Transformation of the Chinese State, 1885–1924*, Stanford 2012.

24 W. Woodruff, *Impact of Western Man: A Study of Europe's Role in the World Economy 1750–1960*, New York 1966, S. 253 (Tab. VI/1).

25 I. Clark, *Globalization and Fragmentation: International Relations in the Twentieth Century*, Oxford 1997, S. 33 ff.

26 P. Reinsch, *Public International Unions: Their Work and Organization. A Study in International Administrative Law*, Boston 1911.

27 D. Riesenberger, *Für Humanität in Krieg und Frieden. Das Internationale Rote Kreuz 1863–1977*, Göttingen 1992.

28 Vgl. D. Lüddeckens, *Das Weltparlament der Religionen von 1893. Strukturen interreligiöser Begegnung im 19. Jahrhundert*, Berlin 2002.

29 J. Dülffer, *Regeln gegen den Krieg. Die Haager Friedenskonferenzen 1899 und 1907 in der internationalen Politik*, Frankfurt a. M. 1981.

30 Globale Geschichten des Weltkriegs sind: J. Leonhard, *Die Büchse der Pandora. Geschichte des Ersten Weltkriegs*, München 2014; O. Janz, *14. Der Große Krieg*, Frankfurt a. M. 2013.
31 Vgl. A. Offer, *The First World War: An Agrarian Interpretation*, Oxford 1989.
32 L. Spinney, *Pale Rider: The Spanish Flu of 1918 and How It Changed the World*, New York 2017.
33 S. Reichardt, Globalgeschichte des Faschismus. Neue Forschungen und Perspektiven, in: *apuz* 67 (2017): 42–43, S. 10–16; S. U. Larsen (Hg.), *Fascism outside Europe*, Boulder, CO 2001.
34 E. Hobsbawm, *Das Zeitalter der Extreme. Weltgeschichte des 20. Jahrhunderts*, München [4]2000, S. 186.
35 Zeitgenössisch: J. M. Keynes, *The Economic Consequences of the Peace*, London 1919, Kap. 2 und 6.
36 Findlay/O'Rourke, *Power and Plenty*, Kap. 8.
37 H. James, *The End of Globalization: Lessons from the Great Depression*, Cambridge, MA 2001, S. 117.
38 Vgl. B. Eichengreen, *Golden Fetters: The Gold Standard and the Great Depression, 1919–1939*, Oxford 1992.
39 Vgl. D. Rothermund, *Die Welt in der Wirtschaftskrise 1929–1939*, Münster 1992; J.-O. Hesse/R. Köster/W. Plumpe, *Die Grosse Depression. Die Weltwirtschaftskrise 1929–1939*, Frankfurt a. M. 2014.
40 E. Mawdsley (Hg.), *The Cambridge History of the Second World War*, 3 Bde., Cambridge 2015.
41 T. W. Zeiler u. a. (Hg.), *Beyond 1917: The United States and the Global Legacies of the Great War*, New York 2017. Für einen weiteren Kontext vgl. G. Sluga/P. Clavin (Hg.), *Internationalisms: A Twentieth-century History*, Cambridge 2017.
42 A. Doering-Manteuffel, *Wie westlich sind die Deutschen? Amerikanisierung und Westernisierung im 20. Jahrhundert*, Göttingen 1999, S. 20–34; R. F. Kuisel, *Seducing the French: The Dilemma of Americanization*, Berkeley 1993.
43 D. A. Hounshell, *From the American System to Mass Production, 1800–1932: The Development of Manufacturing Technology in the United States*, Baltimore 1984.
44 P. Gassert, *Amerika im Dritten Reich. Ideologie, Propaganda und Volksmeinung 1933–1945*, Stuttgart 1997.

VI. 1945 bis Mitte der 1970er Jahre: Die halbierte Globalisierung

1 B. Stöver, *Der Kalte Krieg*, München [5]2017; W. Loth, Staaten und Machtbeziehungen im Wandel, in: A. Iriye (Hg.), *1945 bis heute. Die globalisierte Welt*, München 2013, S. 15–181.

2 Vgl. M. Trachtenberg, *A Constructed Peace: The Making of the European Settlement 1945–1963*, Princeton 1999.
3 Vgl. A. Doering-Manteuffel, Internationale Geschichte als Systemgeschichte. Strukturen und Handlungsmuster im europäischen Staatensystem des 19. und 20. Jahrhunderts, in: W. Loth/J. Osterhammel (Hg.), *Internationale Geschichte. Themen, Ergebnisse, Aussichten*, München 2000, S. 93–115; O. A. Westad u. a. (Hg.), *The Soviet Union in Eastern Europe, 1945–1989*, Basingstoke 1994.
4 Clark, *Globalization and Fragmentation*, S. 137–140.
5 G. Lundestad, *«Empire» by Integration: The United States and European Integration, 1945–1997*, Oxford 1998.
6 Vgl. A. S. Milward, *The European Rescue of the Nation State*, Berkeley 1992; W. Loth, *Europas Einigung. Eine unvollendete Geschichte*, Frankfurt a. M. 2014; K. K. Patel, *Projekt Europa. Eine kritische Geschichte*, München 2018.
7 Vgl. J. N. Rosenau, *Turbulence in World Politics: A Theory of Change and Continuity*, London 1990.
8 Zur UNO: P. Kennedy, *Parlament der Menschheit. Die Vereinten Nationen und der Weg zur Weltregierung*, München 2007.
9 M. Connelly, *A Diplomatic Revolution: Algeria's Fight for Independence and the Origins of the Post-Cold War Era*, Oxford 2002.
10 W. A. Lewis, *Growth and Fluctuations*, Princeton 1978, S. 69.
11 M. J. Hogan, *The Marshall Plan: America, Britain, and the Reconstruction of Western Europe, 1947–1952*, Cambridge 1987; B. Steil, *The Marshall Plan: Dawn of the Cold War*, Oxford 2018.
12 Zur Schiffahrt vgl. M. B. Miller, *Europe and the Maritime World: A Twentieth-Century History*, Cambridge 2012.
13 Jones, *Multinationals and Global Capitalism*; R. Fitzgerald, *The Rise of the Global Company: Multinationals and the Making of the Modern World*, Cambridge 2015.
14 D. Yergin, *Der Preis. Die Jagd nach Öl, Geld und Macht*, Frankfurt a. M. 1993.
15 G. Gereffi/D. L. Wyman (Hg.), *Manufacturing Miracles: Paths of Industrialization in Latin America and East Asia*, Princeton, NJ 1990.
16 D. Bell, *The End of Ideology: On the Exhaustion of Political Ideas in the Fifties*, New York [2]1961.
17 Vgl. G. Therborn, *European Modernity and Beyond: The Trajectory of European Societies 1945–2000*, London 1995, S. 47–50. T. Judt, *Europa. Die Geschichte eines Kontinents von 1945 bis zur Gegenwart*, München 2006, S. 24.
18 R. Kroes, *If You've Seen One You've Seen the Mall: Europeans and American Mass Culture*, Urbana, IL 1996.
19 Vgl. U. G. Poiger, *Jazz, Rock and Rebels: Cold War Politics and American Culture in a Divided Germany*, Berkeley 2000.

20 Vgl. S. Sassen, *Metropolen des Weltmarkts. Die neue Rolle der Global Cities*, Frankfurt a. M. ²1997; S. Curtis, *Global Cities and Global Order*, Oxford 2017.

21 Vgl. G. Cross/J. K. Walton, *The Playful Crowd: Pleasure Places in the Twentieth Century*, New York 2005; A. G. Hopkins, Globalization With and Without Empires: From Bali to Labrador, in: ders. (Hg.), *Globalization in World History*, S. 220–242.

22 J. L. Watson (Hg.), *Golden Arches East: McDonald's in East Asia*, Stanford 1997, S. 15.

23 Vgl. Abelshauser, Umbruch und Persistenz, S. 517 ff.; P. Erker, «Amerikanisierung» der westdeutschen Wirtschaft? Stand und Perspektiven der Forschung, in: K. H. Jarausch/H. Siegrist, *Amerikanisierung und Sowjetisierung in Deutschland 1945–1970*, Frankfurt a. M. 1997, S. 137–145; B. Hancké (Hg.), *Debating Varieties of Capitalism: A Reader*, Oxford 2009.

24 Vgl. W. Kraushaar, *Die 68er Bewegung international*, 4 Bde., Stuttgart 2018.

25 A. Dirlik, The Third World, in: C. Fink/P. Gassert/D. Junker (Hg.), *1968: The World Transformed*, Cambridge 1998, S. 295–317.

26 J. R. McNeill, *Something New Under the Sun: An Environmental History of the Twentieth-Century World*, New York 2000, S. 51.

27 D. L. Meadows u. a., *Die Grenzen des Wachstums. Bericht des Club of Rome zur Lage der Menschheit*, Stuttgart 1972.

VII. Schluss

1 N. Ferguson u. a. (Hg.), *The Shock of the Global: The 1970 s in Perspective*, Cambridge, MA 2010.

2 Vgl. Y. Y. Haddad, The Globalization of Islam: The Return of Muslims to the West, in: J. L. Esposito (Hg.), *The Oxford History of Islam*, Oxford 1999, S. 601–641.

3 Vgl. S. Hess, Das Bodenpersonal der Globalisierung, *Die Zeit*, 11.12. 2002.

4 J. MacGaffey/R. Bazanguissa-Ganga, *Congo-Paris: Transnational Traders on the Margins of the Law*, Oxford 2000, S. 80.

5 M. Obstfeld/A. M. Taylor, International Capital Mobility in the Long Run, in: M. D. Bordo/C. D. Goldin/E. N. White (Hg.), *The Defining Moment: The Great Depression and the American Economy in the Twentieth Century*, Chicago 1998, S. 353–403.

6 K. Marx/F. Engels, *Das Kommunistische Manifest*, Hamburg 1999, S. 48.

7 M. J. Enright, *Developing China*, London 2016, S. 97–113.

8 Eindrucksvoll visualisiert in den inzwischen zahlreichen *Atlanten der*

Globalisierung, in deutscher Sprache veröffentlicht von Le Monde Diplomatique.

9 S. Economides/P. Wilson, *The Economic Factor in International Relations: A Brief Introduction*, London 2001, S. 190f.

10 Vgl. A. O. Hirschman, *Abwanderung und Widerspruch. Reaktionen auf Leistungsabfall bei Unternehmungen, Organisationen und Staaten*, Tübingen 1974.

11 Vgl. S. N. Eisenstadt, *Die Vielfalt der Moderne*, Weilerswist 2000; M. Boatcă/W. Spohn (Hg.), *Globale, multiple und postkoloniale Modernen*, München 2010.

Literaturempfehlungen

1. Theorie

Bach, O.: *Die Erfindung der Globalisierung. Entstehung und Wandel eines zeitgeschichtlichen Grundbegriffs*, Frankfurt a. M. 2013.

Beck, U.: *Was ist Globalisierung?* Frankfurt a. M. ⁴1998.

Bentley, J. H. (Hg.): *The Oxford Handbook of World History*, Oxford 2011.

Conrad, S.: *Globalgeschichte. Eine Einführung*, München 2013.

Cooper, F.: *Kolonialismus denken. Konzepte und Theorien in kritischer Perspektive*, Frankfurt a. M. 2012.

Crouch, C.: *The Globalization Backlash*, Cambridge 2018.

De Blij, H. J.: *The Power of Place: Geography, Destiny, and Globalization's Rough Landscape*, Oxford 2009.

Eckel, J.: «Alles hängt mit allem zusammen.» Zur Historisierung des Globalisierungsdiskurses der 1990er und 2000er Jahre, in: *Historische Zeitschrift* 307:1 (2018), S. 42–78.

Eckert, A./Randeria, S. (Hg.): *Vom Imperialismus zum Empire. Nicht-westliche Perspektiven auf Globalisierung*, Frankfurt a. M. 2009.

Grandner, M. u. a. (Hg.): *Globalisierung und Globalgeschichte*, Wien 2005.

Grataloup, C.: *Géohistoire de la mondialisation: Le temps long du monde*, Paris ³2015.

Heintz, B./Werron, T.: Wie ist Globalisierung möglich? Zur Entstehung globaler Vergleichshorizonte am Beispiel von Wissenschaft und Sport, in: *KZfSS* 63 (2011), S. 359–94.

Held, D. u. a.: *Global Transformations: Politics, Economics and Culture*, Cambridge 1999.

James, H.: *The Creation and Destruction of Value: The Globalization Cycle*, Cambridge, MA 2009.

Jones, A.: *Globalization: Key Thinkers*, Cambridge 2010.

Lechner, F. J.: *Globalization: The Making of World Society*, Malden, MA 2009.

Martell, L.: *The Sociology of Globalization*, Cambridge ²2017.

Middell, M./Engel, U. (Hg.): *Theoretiker der Globalisierung*, Leipzig 2010.

Rehbein, B./Schwengel, H.: *Theorien der Globalisierung*, Konstanz 2008.

Reichardt, U.: *Globalisierung. Literaturen und Kulturen des Globalen*, Berlin 2010.

Robertson, R./White, K. E. (Hg.): *Globalization: Critical Concepts in Sociology*, 6 Bde., London 2003.

Sloterdijk, P.: *Im Weltinnenraum des Kapitals. Für eine philosophische Theorie der Globalisierung*, Frankfurt a.M. 2005.
Therborn, G.: *The World: A Beginner's Guide*, Cambridge 2011.
Turner, B.S. (Hg.): *The Routledge International Handbook of Globalization Studies*, London 2010.
Wenzlhuemer, R.: *Globalgeschichte schreiben. Eine Einführung in sechs Episoden*, Konstanz 2017.

2. Geschichte

Ambrosius, G.: *Globalisierung. Geschichte der internationalen Wirtschaftsbeziehungen*, Wiesbaden 2018.
Barth, B.u.a. (Hg.): *Globalgeschichten. Bestandsaufnahme und Perspektiven*, Frankfurt a.M. 2014.
Bayly, C.A.: *Die Geburt der modernen Welt. Eine Globalgeschichte, 1780–1914*, Frankfurt a.M. 2006.
Bayly, C.A.: *Remaking the Modern World 1900–2015. Global Connections and Comparisons*, Chichester 2018.
Belich, J.: *Replenishing the Earth: The Settler Revolution and the Rise of the Anglo-World*, Oxford 2009.
Bordo, M.D.u.a. (Hg.): *Globalization in Historical Perspective*, Chicago 2003.
Conrad, S.: *Globalisierung und Nation im Deutschen Kaiserreich*, München 2006.
Darwin, J.: *Der imperiale Traum. Die Globalgeschichte großer Reiche 1400–2000*, Frankfurt a.M. 2010.
Dicken, P.: *Global Shift: Mapping the Changing Contours of the World Economy*, Los Angeles [7]2015.
Fäßler, P.E.: *Globalisierung. Ein historisches Kompendium*, Köln 2007.
Findlay, R./O'Rourke, K.H.: *Power and Plenty: Trade, War and the World Economy in the Second Millennium*, Princeton, NJ 2007.
Fischer, W.: *Expansion, Integration, Globalisierung. Studien zur Geschichte der Weltwirtschaft*, Göttingen 1998.
Graff, M.u.a.: *Growth of the International Economy 1820–2015*, London 2014.
Hastings, M.: *Inferno: The World at War, 1939–1945*, New York 2012.
Headrick, D.: *Power over Peoples: Technology, Environments, and Western Imperialism, 1400 to the Present*, Princeton, NJ 2010.
Herren, M.: *Internationale Organisationen seit 1865. Eine Globalgeschichte der internationalen Ordnung*, Darmstadt 2009.
Hopkins, A.G. (Hg.): *Globalization in World History*, London 2002.
Hugill, P.J.: *Global Communications since 1844: Geopolitics and Technology*, Baltimore, MD 1999.
Hunt, M.H.: *The World Transformed: 1945 to the Present*, Oxford 2014.

Iriye, A. (Hg.): *1945 bis heute. Die globalisierte Welt*, München 2013 (= Geschichte der Welt, Bd. 6).
Jansen, J. C./Osterhammel, J.: *Dekolonisation. Das Ende der Imperien*, München 2013.
Kleinschmidt, C.: *Wirtschaftsgeschichte der Neuzeit. Die Weltwirtschaft 1500–1850*, München 2017.
Le Monde Diplomatique: *Atlas der Globalisierung: Das 20. Jahrhundert. Der Geschichtsatlas*, Berlin 2011.
Levinson, M.: *An Extraordinary Time: The End of the Postwar Boom and the Return of the Ordinary Economy*, New York 2016.
Osterhammel, J.: *Die Verwandlung der Welt. Eine Geschichte des 19. Jahrhunderts*, München [5]2010.
Parker, C. H.: *Global Interactions in the Early Modern Age, 1400–1800*, Cambridge 2010.
Reinhard, W.: *Die Unterwerfung der Welt. Globalgeschichte der europäischen Expansion 1415–2015*, München 2016.
Rosenberg, E. S. (Hg.): *Weltmärkte und Weltkriege 1870–1945*, München 2012 (= Geschichte der Welt, Bd. 5).
Rothermund, D.: *Die Welt in der Wirtschaftskrise, 1929–1939*, Münster 1992.
Sargent, D. J.: Pax Americana: Sketches for an Undiplomatic History, *Diplomatic History* 42:3 (2018), S. 357–376.
Schuppert, G. F.: *Wege in die moderne Welt. Globalisierung von Staatlichkeit als Kommunikationsgeschichte*, Frankfurt a. M. 2016.
Sieder, R./Langthaler, E. (Hg.): *Globalgeschichte 1800–2010*, Wien 2010.
Tooze, A.: *Sintflut. Die Neuordnung der Welt 1916–1931*, München 2017.
Tooze, A.: *Crashed. Wie zehn Jahre Finanzkrise die Welt verändert haben*, München 2018.
Wendt, R.: *Vom Kolonialismus zur Globalisierung. Europa und die Welt seit 1500*, Paderborn [2]2015.
Wenzlhuemer, R.: *Connecting the Nineteenth-century World: The Telegraph and Globalization*, Cambridge 2013.
Westad, O. A.: *The Cold War: A World History*, New York 2017.
Winseck, D. R./Pike, R. M.: *Communication and Empire: Media, Markets, and Globalization, 1860–1930*, Durham, NC 2007.
Zwart, P. de/van Zanden, J. L.: *The Origins of Globalization: World Trade in the Making of the Global Economy, 1500–1800*, Cambridge 2018.

Sachregister

De-Globalisierung, Fragmentierung 14, 24, 26, 30, 48, 62, 73, 97, 111
Dekolonisation 26, 90
Diaspora 61, 107, 111

Epidemien 37, 76
Erfahrung, Globalisierungserfahrung 7f., 17, 62–70, 85, 101, 108

Freihandel 11, 25, 45–62

Geld, Währung 15, 20, 66f., 75, 80f., 93f., 95, 97, 100, 107
Globalisierung (Begriff und Definition) 7–17, 20–24, 99–113
Globalisierungsschübe 74, 92, 105, 109

Handel 15ff., 20–23, 25, 31–37, 40f., 43, 46, 50, 52–55, 60, 65f., 75f., 79ff., 92–95,97f., 105f., 109ff.

Ideologien 14, 28, 49, 60, 78, 84, 86, 99, 107
Imperialismus 17, 27, 31, 34f., 38, 45, 49, 52, 55, 70–73, 78f., 81, 89f., 103, 108, 111f.
Imperium, Reich 25, 27f., 30–37, 39–43, 47ff., 54ff., 58, 67, 69f., 76ff., 81, 89f., 100
Industrie, industrielle Revolution 7, 11, 20, 25, 42, 45, 47, 49–52, 55, 59, 65, 72, 75, 80, 83ff., 98–101, 106, 111
Institutionen 19f., 21, 23ff., 37, 39, 51, 56f., 67, 84f., 88, 90–95, 97, 102, 111
Interaktionsraum 19–23, 8f., 67, 69, 91, 86, 105, 109f., 112
Internationale Organisationen 73, 76f., 79, 88, 91, 96, 105, 111
Internationales System 17, 19, 72f., 79, 81, 87, 94, 96, 105

Kapitalmärkte, Kapitalverkehr 15, 17, 66, 81, 93, 95ff.
Kolonien 18, 44, 47f., 55ff., 60, 67, 72, 75, 77, 100
Kommunikation 8, 11ff., 16, 20f., 25, 38, 54, 66, 69, 71, 75, 96f., 106, 108, 111
Konsum 12, 26, 42, 50f., 67f., 83f., 93, 100–104, 106
Krieg 17, 19, 26, 32–35, 39, 46–49, 51f., 55, 57, 62f., 65, 69, 71–80, 82–86, 89–94, 97–105, 108, 110
Kultur 9–12, 14, 18, 20, 23f., 27, 31f., 34, 36, 38, 41ff., 45, 48, 57–60, 75, 82–85, 90, 92, 97, 99–103, 106f., 111

Märkte 8, 11, 13, 39, 54f., 62, 70, 80f., 89, 95–98, 101, 103, 105f., 109
Medien 12, 23, 59f., 100f., 103, 106
Migration, Auswanderung 15ff., 22, 29f., 32, 40, 46, 61f., 68, 83, 100, 107, 110
Militär, Waffen 13f., 17, 23f., 27,

30 f., 33, 36, 38, 41, 46 f., 52 f., 55, 57 f., 69, 71 ff., 76, 78, 85 ff., 89 f., 94, 109, 111
Moderne, Modernisierung 8 ff., 19 f., 26, 45 f., 48, 56, 59, 63, 68, 73, 77 f., 85, 93, 99, 101 f., 111

Nationalstaat 10 f., 19, 21, 25, 54 f., 57 f., 59 f., 66, 68 f., 71, 76, 85, 88–92, 108–111
Netzwerk 13, 19–23, 27, 67, 105 f., 108 ff.

Raum 10, 12, 21 ff., 32–35, 37 ff., 41, 45, 47 ff., 54, 61, 63 ff., 67, 69 f., 75, 78, 81, 83, 85 f., 91 ff., 102, 104 f., 108 ff.
Region, Regionalismus 9, 33, 39, 41, 50 f., 53, 60 ff., 66 f., 72, 74, 81 f., 84, 88, 90, 101 f.
Reisen, Tourismus 12, 21, 25, 31, 43–46, 54, 64, 96, 100 ff.
Religionen 27 f., 30, 33 f., 43, 57, 59, 74

Sklaverei 17, 22, 29 f., 39 ff., 48, 57, 61, 108
Sprache 7, 37, 43 ff., 59, 63, 107
Staat 9, 11, 13 f., 34 f., 38, 42 f., 45 ff., 55, 57, 60, 63, 65–69, 73–80, 84, 86, 88–91, 94, 96 ff., 100, 105 f., 109–112

Technik, Technologie 8, 11, 13 f., 21, 23 f., 36, 38 f., 46, 51–54, 60, 66 f., 72 f., 78, 83 f., 95 f., 106, 110 f.

Umwelt 13, 21, 26, 51, 104
Universalisierung 12, 16, 58, 78

Verflechtung, Vernetzung 8, 10, 13–16, 22–25, 35, 40 f., 48, 50, 62, 65, 67 ff., 75, 81, 84 ff., 89, 91, 95–98, 106 ff., 110 ff.
Verkehr, Transport 15, 20, 23, 25, 29, 40, 46, 49, 51–54, 66, 69, 83, 85, 97 f., 108, 110
Verwestlichung, Amerikanisierung 23, 83, 100 f., 107, 110

Weltkriege 17, 19, 47, 52 f., 62 f., 65, 69, 74–79, 82–86, 89, 92 f., 101, 108
Weltpolitik 26, 45 f., 62 f., 69, 71 f., 76, 79, 82, 90, 95, 105
Weltsystem 16, 19, 26 f.
Weltwirtschaft 8, 16 f., 19 f., 25 f., 48, 51, 55, 60 f., 62–69, 71, 75, 79–82, 84, 88, 90, 92–98, 100 f., 106
Wissen, Wissenschaft 7, 9, 11 ff., 16, 18, 20, 37 f., 43, 57 f., 64, 83, 104

Zeit 10, 12, 14, 17, 19, 22, 24 ff., 29–34, 38, 41, 44, 46 ff., 50, 60, 63 f., 68 f., 71, 73, 81, 84, 86, 94, 99, 104, 107, 111
Zivilisation(en) 9, 18 f., 27, 31, 38, 43 f., 46, 52, 57, 69, 101 f., 111